JN411493

환생 還生

환생 還生

지은이 한상완
펴낸곳 연세대학교 대학출판문화원
주소 서울시 세대문구 연세로 50
등록 1955년 10월 13일 제9-60호
전화 02) 2123-3380~2
팩스 02) 2123-8673
전자우편 ysup@yonsei.ac.kr
웹사이트 http://press.yonsei.ac.kr
인쇄 화신문화(주)

2020년 2월 1일 1판 1쇄
ISBN 978-89-6850-383-2(03810)

값 12,000원

이 도서의 국립중앙도서관 출판예정도서목록(CIP)은 서지정보유통지원시스템 홈페이지(http://seoji.nl.go.kr)와 국가자료종합목록 구축시스템(http://kolis-net.nl.go.kr)에서 이용하실 수 있습니다.
(CIP제어번호 : CIP2020002954)

한상완의 네 번째 시집

환생 還生

友江 한상완 시

오명섭 서예/윤중일 사진

연세대학교 대학출판문화원

“ 네 번째 시집을 내며 ”

友江 한상완

시인으로 등단한 지 10년이 되었다.
목월木月 시인이 창간하고, 문학 평론가 박동규 교수가 이어받아 45년간이나 간행하고 있는 시 전문지 <心象>에 2009년 겨울에 등단하였다. 그간 <편지>, <그대는 나의 별>, <불꽃>이란 세 권의 시집을 엮어 냈다.

이제 10년을 조용히 뒤돌아보며 네 번째 시집 <환생還生>을 상재한다. 내 70대 10년간 부족한 시이지만 나름으로 꾸준히 시를 써 문예지에 발표하고 이를 묶어 시집을 네 번째 내게 되는 기쁨도 없지 않다. 나의 여년餘年에 시를 얼마나 더 쓸지, 얼마나 품격 있는 시를 쓸 수 있을지는 모르나, 쓰는 데까지는 써 보려 한다.

두 번씩이나 평설을 써 주신 예술원 회장 유종호 교수님께 깊은 고마움의 절을 올린다. 그리고 오랜 벗인 철학자이며 문학평론가인 然空 박순영 교수의 깊이 있고 예리한 시평은 나의 기쁨이다. 一粟 오명섭 서예가는 이번 시집에서도 12편의 명필 서예를 써 주었으니 어찌 감사를 표할지 모르겠다. 이번 시집의 삽화는 일생을 사진예술에 바친 사진작가 愚齋 윤중일 시인의 명품 사진을 싣게 되었는데, 그 우정에 깊은 고마움을 표한다.

참 감사한 또 한 가지의 일은, 여러 저명한 작곡가님들이 나의 시에 곡을 붙여 준 것이다. 이 나라 가장 저명한 작곡가 중의 한 분인 이안삼 선생과 임긍수 선생을 비롯한 박영란 교수, 김광자 작곡가, 김은혜 교수, 김성희 작곡가, 그리고 이재석 작곡가께서 모두 12곡의 작품을 창작해 주었다.

시는 낭송과 작곡으로 다시 태어나면서 다른 차원의 생명을 얻는다.
그것도 깊은 영혼의 소리와 에스프리의 하모니로 시의 재창조를 가져올 수 있으니 시인으로서 누리는 또 다른 기쁨과 보람이다. 부족한 나의 시를 작곡하여 준 일곱 분 작곡가들께 깊은 감사와 경의를 표하며, 귀중한 악보를 시와 함께 싣는다.

나의 여년에도 힘이 닿는 대로 아름다운 사랑이 번지며, 깊은 영혼 배어 향기로운 시를 쓰고 싶다.

차례

友江 한상완의 네 번째 시집

환생 還生

01 시와 음악에의 헌정

차례

02 사랑에의 헌정

차례

03 지구촌 삶의 여정

차례

04 내 영혼의 노래

차례

01 시와 음악에의 헌정

환생 還生

다음 생엔
우리 학鶴으로 환생하자
대지가 온통
연둣빛 비단으로
눈부신 오월이면

금비늘 은비늘 반짝이는
저 푸른 강의 윤슬과
높고 낮게 구릉져
손잡고 늘어선
유연한 산맥 따라

긴 다리 쭉 뻗어
활짝 날개 펴고
빠를 것도
느릴 것도 없이
바람처럼 구름처럼

파아란 하늘
하얗게 날아오르자

오늘처럼
바람 거세어
거친 파도 일렁이는
한강 물길 위에도

봄볕 맑게 비칠 내일
잔잔한 강도
영혼의 선율 따라
함께 나르며
사랑을 노래하자

날다 날다 곤하면
강가 잔디밭에 쉬어 가고
버드나무 가지에도
가지런히 앉아
버들처럼 바람처럼
부드럽게 출렁이며
그윽이 마주 보자

십장생十長生의 욕심일랑
저만치 비켜두고
푸르고 아름답게
금수강산 더불어
고아하게 살아가자
우리
다음 생엔.

(2016년 5월 4일 한강을 지나며)

제이드의 나라 세 선녀

겨우 내내
삭풍에 움츠렸던
개나리며 진달래
산수유와 목련
라일락과 벚나무
이제
더는
기다릴 수 없어
기다렸다는 듯
한꺼번에
봄의 축포 터트려
연세 동산은 꽃누리

이 찬란한 봄
프란츠 슈베르트는
세상에 온 지 220년 만에

제이드Jade의 나라에서
홀연히 내려온 세 선녀
“트리오 제이드”에게
그의 위대한 영감과 예술혼을 불어넣어
피아노 트리오 제1번을
연주하게 했다.
숲 속의 고즈넉한
한 방에서

아리따운 세 선녀
피아니스트 이효주
바이올리니스트 박지윤
첼리스트 이정란은
방금
그들의 비취나라 제이드에서
사뿐히 내려와
젊고 슬펐던 프란츠의
첫 번째 피아노 트리오를 연주한다

한 호흡
아름다운 모습으로
알레그로, 안단테, 스케르조와 론도를
쉬지 않고 춤추며 노래한다
잔잔히 흐르는 시냇물같이
때론
험준한 언덕을 격정으로
도도함으로 오르듯
트리오는 토해낸다.

영롱한 피아노의 터치도
천상의 멜로디를 연주하는 바이올린도
그윽한 저음으로 완벽한 화음 이루는 첼로도
한 음성으로 노래해
오늘 프란츠도
예서 세 선녀와 함께인듯
봄 숲의 정령과
음악의 혼이 넘실거린다.

(2016년 4월27일, 수요음악회)

"어느새 10년... 미운 정 고운 정 다 든 부부 같아"

결성 10주년 연주회 갖는 피아노 삼중주단 '트리오 제이드'

악기가 여럿 모여 팀으로 움직이는 실내악은 시간을 거듭할수록 풍미가 짙어진다. 박자와 선율을 맞춰갈수록 질(質) 좋은 화음을 뽑아내기에 들을수록 신선하다. 시간이 빚어내는 마법이다.

"언니! 저희랑 같이 트리오 해요" "좋아, 하자!"

동갑내기 연주자인 이효주(피아노,31), 박지윤(바이올린,31)이 두 살 언니 이정란(첼로,33)에게 피아노 삼중주단을 만들자고 손 내민 건 지난 2006년, 프랑스 파리국립고등음악원(CNSM)에 입학한 지 5년째 되던 어느 날이었다. 자기 분야에서 독주자로 이미 인정받은 스무 살 초반 연주자들이 한 핏줄도 아니고, 기획사가 제안한 것도 아닌데 '자발적으로' 팀을 꾸린 건 드문 일이다. 이들은 오는 23일 예술의전당에서 결성 10주년 기념 연주회를 갖는다.

지난 13일 서울 광화문에서 만난 '트리오 제이드(JADE)'는 "어릴 땐 우리도 사라 장, 장한나 같은 '스타'를 꿈꿨다. 유럽에 가보니 달랐다"고 했다. "교육 과정에 실내악 학과가 따로 있어서 뜻 맞는 학생들끼리 듀엣이나 트리오를 만드는 게 흔했어요." (박지윤) "독주자만 최고라는 인식이 없어요. 실력 있는 솔리스트가 오케스트라에 입단하는 걸 자랑스러워하고요."(이정란)

'옥(玉)'이란 뜻의 제이드는 '동양의 보석이 되어보자'며 붙인 이름이다. 활동을 시작한 지 10년. 그 사이 CNSM에서 정상급 실내악 연주자인 이스라엘 피아니스트 이타마르 골란을 사사하며 실내악 전문사 과정을 최우수 졸업했다. 지난해 2월 슈베르트 국제 실내악 콩쿠르(한국인 연주단체 최초 1위없는 3위), 9월 트론하임 콩쿠르(3위)에서 입상도 했다. 특기는 프랑스 작곡가 라벨. 제이드의 라벨 피아노 삼중주는 눈 감고 들으면 동양인 연주단체인 걸 모를만큼 일품이란 평을 듣는다.

셋이서 떡볶이와 양곱창을 즐겨 먹는다. 신당동 떡볶이 골목은 이 아가씨들의 성지(城地). "저희만의 비법이에요. 꼬였던 분위기가 확 풀려요."(이효주)

이번 연주회에서 제이드는 슈베르트의 피아노 삼중주 전곡을 선보인다. 슈베르트가 말년에 쓴 '노투르노'와 피아노 삼중주 1,2번은 가난과 신체적 고통에도 삶에 대한 따뜻한 시선과 음악을 향한 애정을 녹여놓은 걸작이다. 이정란이 말했다. "수베르트는 절제미가 돋보이는 작곡가예요. 음악 자체에 희로애락이 다 들어 있는데 라흐마니노프나 차이콥스키처럼 바닥까지 끄집어내서 보이지 않고 기쁘고 슬픈 기미만 살짝 비춰요."

김경은 기자 〉 셋을 위한 슈베르트=23일 오후 8시 예술의전당 IBK챔버홀, (02)338-3816

조선일보 2008년 4월 18일자

금빛 미소

장맛비가
대지를 쓸고
하늘을 씻어낸
찬란한 여름 낮
하얗고 부드러운
뭉게구름
둥싯 띄우니

뭉게 뭉게
동으로 흘러
백두대간 횡성 안흥
삿갓봉 넘어
동해 푸른 바다로
유유히 유랑의 길 떠나더니

초저녁 해는
붉은 채운 더불어
서녘 하늘
선연히 물들인다

어느새
푸른 어둠 넘어
수줍은 초승달
그리운 님
데려다 놓네

저 금빛 미소
수수만년
전설 서린 아미蛾眉는
하늘이 내려 준
연인 선녀의 초상肖像

(2016년 7월 7일 ~8일, 심상 해변시인학교 강원도 횡성의 안흥 계곡에서)

그리움의 크기

우리는
다만
눈에 보이는 것 만큼만 보고
귀에 들리는 것 만큼만 들을 뿐

그러나
마음에 차오르는 그리움은
끝 모르게 부풀어 올라
그 크기를 가늠할 수 없어
붉게 물드는
가을처럼 넘쳐서
그저
오늘도
내일도
가슴에 짙게
펴져만 간다

(2016년 11월 9일)

그리움의 크기

한상완 시 / 이안삼 곡

귀 - 에 들 리 는 만 큼 만 들 린 - 다 그 러
나 마 음 에 차 오 르 는 그 리 움 은 부 풀 어 올 라 끝 모
르 게 부 풀 어 올 라 그 크 기 를 가 늠 할 수 없 으 라
붉 게

물 드 는 가 을 처 럼 붉 게 물 드 는 가 을 처 럼 넘
쳐 넘 쳐 서 그 러
나 오 늘 도 내 일 도 가 슴 깊 게 퍼 - 져
만 간 다 그 러

43
2.
mf
만
간
다
mf
sf

그리움의 크기

우리는
다만
눈에 보이는 것 만큼만 보고
귀에 들리는 것 만큼만 들을 뿐

그러나
마음에 차오르는 그리움은
끝 모르게 부풀어 올라
그 크기를 가늠할 수 없어
붉게 물드는
가을처럼 넘쳐서
그저
오늘도
내일도
가슴에 짙게
퍼져만 간다

友江 詩
一粟 書

눈길

올 들어 첫 함박눈이
새벽부터 내리더니
아침나절에도 그치지 않고
하염없이 내린다

오염된 도시에도
공원에도
한강변에도
저 멀리 북한산에도
하얗게 내린다

하얀 세상
하얀 길
발목까지 차오르는
발걸음도 하얗다

속된 세상
찌든 영혼도
하아얀 순수로 물든다

맑은 가슴 붉은 심장도
하얀 눈길 따라
청정히 씻겨
고운 당신에게 흰 눈과 함께
끝 없는 순백으로
걸어가고 있다
그저 그렇게 끝도 없이
가고 싶다
하얗게 가고 싶다

(2017년 12월 18일, 여의도 공원)

눈 길

올 들어 첫 함박눈이
새벽부터 내리더니
아침 나절에도 그치지 않고
하염없이 내린다

오염된 도시에도
공원에도
한강변에도
저 멀리 북한산에도
하얗게 내린다

하얀 세상
하얀 길
발목까지 차오르는
발걸음도 하얗다

속된 세상
찌든 영혼도
하아얀 순수로 물든다

맑은 가슴 붉은 심장도
하얀 눈 길 따라
청정히 씻겨
고운 당신에게 흰 눈과 함께
끝 없는 순백으로
걸어가고 있다
그저 그렇게 끝도 없이
가고 싶다
하얗게 가고 싶다

文江 詩
一 粟 書

거리의 피아니스트

피아노 치는 것 즐겁다
잘 치면 예술이고
못 쳐도
미소 살며시 보태면 즐겁다

광풍의 6·25동란 지난 후
온 겨레가 가난에 찌들었던 중학 시절
겨우 손풍금 한 대뿐인
음악실 오며가며
건반 쳐 본 게 모두인 나의 유년

그러나 난 요즈음
서울 지하철 타며
가끔 피아노를 친다
2호선 을지로입구역에 내려
시청 방향 계단 오르면
도레미파가 울려 온다

계단 위 아래 오르내리며
아름다운 멜로디 쳐 내진 못해도
단순음으로 연주하는 소리 아름답다

오늘은 3호선 경복궁역 내려
신촌행 버스 타는 출구 향해
무심코 층계 오르니

피아노 소리 낭랑하다
아 여기도 음악 계단이구나
내가 연주하는 소리 들으며
오르는 발 걸음은
한결 가볍다

지하철 계단마다 건반 장치 하면
시민 모두 피아니스트 되어
연주하는 청아한 소리
도레미파 파미레도
온종일 즐겁게 들려올게다

(2018년 정초에)

봄비 젖은 벚꽃길

소리 없이 봄비 내린다
벚나무들이 길 양 켠에
줄지어 서서
서로 손 잡고 서 있다

원형 이룬
긴 벚꽃 터널길에도 비가 내린다

벚나무 검은 등걸에 뻗은
가지 끝까지 연분홍 단장한 꽃무리
화사해 눈부시다

하늘은 봄비 내려 축복하고
활짝 핀 꽃들은
환희에 겨워 눈물 흘리고 있다

어젯밤 벚꽃 송이들
밤새워 소곤대며
일제히 꽃 피워내
온세상 황홀이 꽃세상 이루더니

오늘은
봄비와 하나되어
기쁨의 눈물 흘리고 있네

그래 그렇지
지난 겨울 유난히도 불어대던
엄동의 칼 바람에도
얼어 고사枯死하지 않고
이 봄
대지의 생기 받아
눈부신 생명의 꽃
아리따운 축복의 꽃으로
피어났으니
어찌 감격의 눈물 없으리

꽃맞이 나들이 나와
벚꽃 터널을 거니는
연인들도 우산 접고
꽃무리와 한가지로
봄맞이 환희의 눈물
함초롬히 맞고 있네

(2018년 4월 5일)

봄비 젖은 벚꽃길

한상완 시 / 임긍수 곡

2
mf
룬 -벗꽃터 널 -터널- 길 에 비 가 -
rit.
a tempo
mp
내 - 린 - 다 -하늘 은 -봄비로 축 복하 고 활짝
mf
핀 꽃들 은 -연분- 홍 꽃무 리 환희 에 -환희에
accel.
겨 워 눈- 물 -흘 리고 있 - - 다

Moderato ♩ = 100
어젯 밤 -벗-꽃 송 이는 밤 새워
-밤새워소근대 며 일 제 히 -꽃피워 내 -네
-온세상황 홀하 게 꽃 세 상 -이-루

더 -니 오 늘은 -봄비-와 -하나-가 되어
서 기 쁨 의 -눈물을흘리고있
f
다 기 쁨 의 -눈물을흘리고있 다 -그래그
래 -대지의 생기받-아 -눈부신생명의- 꽃 -아럿다
mp
cresc.

운 -꽃으- 로 -피어-났 으- 니
어 -찌 -감격의눈물없으 랴 어 -찌
-환희의눈물없으 리 -어찌어 찌 -환희- 의
-환희의눈 물이 없 으 랴 -

리라꽃 네 향내

여기에 리라꽃, 라일락
네가 서 있지 않았다면
이렇게 혼을 깊이 물들이는
봄 향내가 가득하겠느냐

수십 그루 함께 자라
꽃 향 짙게 모으지 않아도
한 그루 양정향나무
너 외로이 서 있어도
형언키 어려운 향으로
세상을 진동振動시키고 있으니

이 봄 리라꽃 향에 취해
가슴 가득 간직하며
아 너와 함께
또 한 해를 살아가는구나
나이테 하나를 더 새기고 있구나

연분홍 리라꽃은
분홍 내음 퍼져 흐르고
하얀 리라꽃은 순백의 내음 퍼내니
네 고향 서양
캅카스나 아프카니스탄에서
멀고 먼 타향
한반도까지 출가하여
서양수수꽃다리
아름다운 새 이름 얻고

이름처럼 넘치는 향내
오묘하고 화려하게
한껏 풍겨주니
넌
봄의 요정
영원한 기쁨의 전령傳令이어라

(2018년 4월 20일, 집 뒤뜰 리라꽃 곁에서)

리라꽃 네 향내

한상완 시 / 박영란 곡

19
Sop.
— — 수 십그 루 함 — —께 꽃 향짙 —게
Pno.

23
Sop.
모 으 지 않 아 도 너 —외 로 이 흩 로 여 도
Pno.

27
Sop.
형 언 하 기 어 려 운 향 —으 로 — — 이 —세 상
mf
Pno.
mf

31
Sop.
감 싸 안 고 있 으 니
이 향 에 취 ㅡ ㅡ 해 ㅡ
Pno.

34
Sop.
너 와 함 께 나 이 테 하 ㅡ 나
더 새 기 고 있 ㅡ
Pno.

37
Sop.
네 ㅡ
p
mp
Pno.

더 -니 오 늘은 -봄비-와 -하나-가 되어
서 기 쁨의 -눈물을흘리고있
다 기 쁨의 -눈물을흘리고있 다 -그래그
래 -대지의 생기받-아 -눈부신생명의- 꽃 -아릿다

48
Sop.
Pno.
mp

52
Sop.
Pno.

56
Sop.
mp 이 아름다 — 운 동 산에 리 라 꽃 네 가
Pno.
mp

60
Sop.
없 다 면 이 아 름 다 — 운 동 — 산 에 리 라 꽃 네 — 가
Pno.

64
Sop.
없 — 다 면 연 분 홍 치 — 마 내 — — 음
Pno.

67
Sop.
뉘 라 서 흘 려 주 — — 고 하 아 얀 순 — 백
Pno.

70
Sop.
향 — 내 뉘 라 서 전 — 해 주 — — —
cresc.
Pno.
cresc.

73
Sop.
리 — — — 너 는
f
subito pp
Pno.
pp subito
f
soft pedal

76
Sop.
하 늘 에 서 내 려 온 봄 의 요 정 —
Pno.

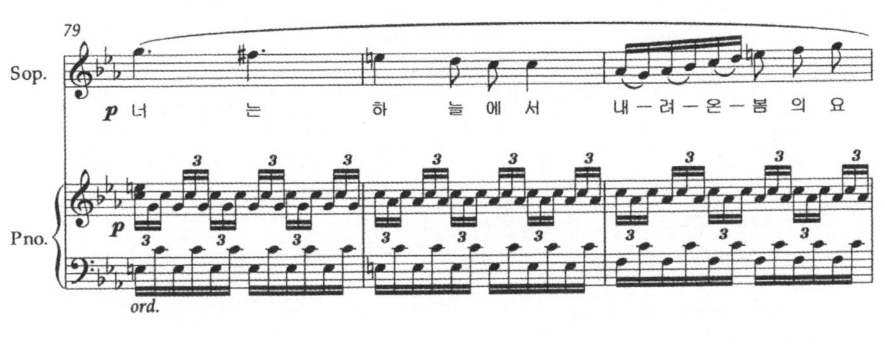
79
Sop.
p 너 는 하 늘 에 서 내 — 려 — 온 — 봄 의 요
Pno.
p
ord.

82
Sop.
정
rit.
♩.=42
f 영 원 한
Pno.
rit.
♩.=42
f

84
Sop.
기 쁨 의 전 령 이 어 라 —
Pno.

87
Sop.
ff
영 원 한 환 희 의 연 인 이 어
Pno.
ff
90
Sop.
라 —
p 연 인 이 어
Pno.
p
92
♩.=68
Sop.
라 — — — — —
dim.
ppp
♩.=68
8va
Pno.
dim.
ppp

리라꽃 네 향내

한상완 시 / 김성희 곡

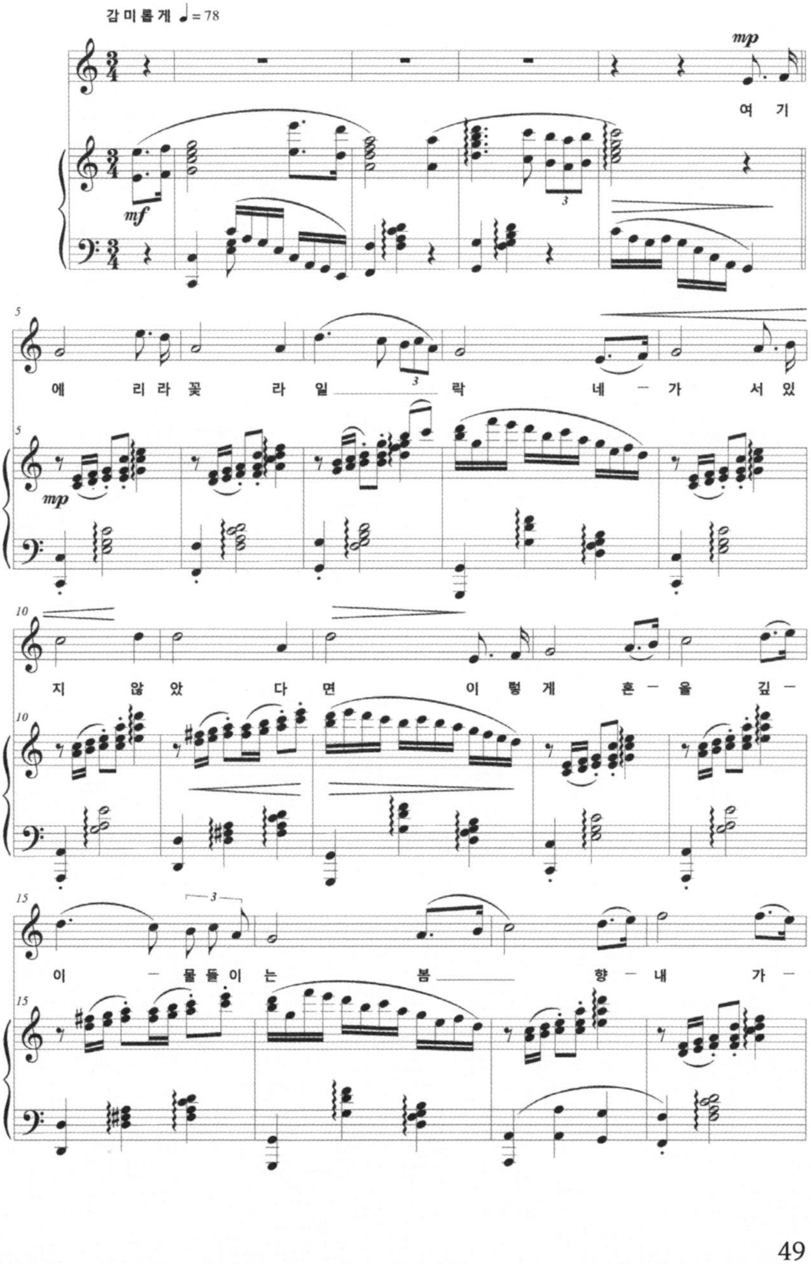

감미롭게 ♩= 78

여 기

에 리 라 꽃 라 일 락 네 ― 가 서 있

지 않 았 다 면 이 렇 게 혼 ― 을 깊 ―

이 ― 물 들 이 는 봄 향 ― 내 가 ―

득 ___ 하 겠 는 가 수 십 그 루 함 께 자 라 꽃 — 향
질 게 모 으 지 않 아 도 너 ___ 외 — 로 이 홀 —
로 있 — 어 도 이 ___ 세 — 상 감 싸
안 고 있 — 으 니 이 ___ 봄 리 — 라 꽃 향 —

3
에 취 — 하 여 가 — 슴 가 득 간
직 하 네 아 너 와 함 께 또 — 한 해 를 살
아 나 이 테 하 나 더 새 기 고 있 — 구 나
연 분

4
홍 리 ─ 라 꽃 분 홍 내 음 퍼 져 흐 ─ 르 고 하 ─
mp
mf
얀 리 라 꽃 순 백 의 향 내 퍼 ─ 내 니 넌
cresc.
f
─ 봄 의 요 정 영 원 한 기 쁨 의 전 령 이 ─ 어 라 영 원 한
mf
cresc.
기 쁨 의 전 령 이 ─ 어 라
8va
f
sf

9월 제주 하늘

쪽빛 하늘
가을바람에 실려
뭉게구름 유유히 흐르고

맛 상큼한 대기
가슴 청정하게 씻어주는
9월 마지막 날
제주의 아침 하늘은
스스로 자정自淨하여
영원의 하늘나라 이룬
천상의 나라

혼탁한 도시의 온갖 적폐 쌓여
영혼까지 답답한
대기의 흐름과는 현격한
맑고 청결한 제주에서
행복으로 누리고 있네

이 정갈한 땅
저 푸른 하늘의 맑고 긴 메아리로
저 가없는 바다도 푸르름으로 물들어
너울거리는 곳 탐라의 티 없어 순결한
하늘과 바다의 아름다운 향연이여!
하늘과 대지의 정결한 만남이여!

9월 제주 하늘

한상완 시 / 김은혜 곡

12
S. Solo
뭉 게 구 름 유 유 히 흐 르 고
맛
Pno.
Vln. I
Vln. II
Vla.
Vc.

17
S. Solo
상 큼 한 대 기 가 을 청 정 하 게 ㅡ
씻 어 주 는 9 월 마 지 막 날
제 주
Pno.
pizz.
arco
Vln. I
Vln. II
Vla.
Vc.

24
S. Solo
의 아 침 하 늘 은 ㅡ 스
Pno.
arco
Vln. I
Vln. II
Vla.
Vc.

29
S. Solo
스 로 스 스 로 자 ㅡ 정 ㅡ 하 여 ㅡ
영 원 의 하 늘 나 라
Pno.
Vln. I
Vln. II
Vla.
Vc.

4
34
S. Solo
영 원 의 하 늘 나 라 하 늘 나 라 이 룬 천 상 의 ㅡ 나 라
mf
Pno.
Vln. I
Vln. II
Vla.
Vc.
pizz.

39
Meno mosso (♪ = c.106)
S. Solo
Pno.
Vln. I
Vln. II
Vla.
Vc.

44
(비장하게)
5
S. Solo
이 정 갈 한 땅 ㅡ 푸 른 하 늘 의 맑 고 긴
Pno.
Vln. I
Vln. II
Vla.
Vc.
arco
arco

48
S. Solo
메 아 리 로 가 없 는 바 다 도 푸 르 름 으 로 물 들 어
Pno.
Vln. I
Vln. II
Vla.
Vc.

6
52
S. Solo
너 ㅡ 울 거 ㅡ 리 는 곳
Pno.
Vln. I
Vln. II
Vla.
Vc.

55
S. Solo
mp
탐 라 의
Pno.
p subito
mp
Vln. I
p
mp
Vln. II
p
mp
Vla.
mp
Vc.

S. Solo
티 없 어 순 결 한 ㅡ
하 늘 과 ㅡ
바 다 의 ㅡ
Pno.
Vln. I
Vln. II
Vla.
Vc.

64
S. Solo
아 름 다 운 ㅡ ㅡ
향 연 ㅡ 이 여
Più mosso
Pno.
Vln. I
Vln. II
Vla.
Vc.

8

69
S. Solo
mf
Pno.
mf
Vln. I
mf
Vln. II
mf
Vla.
mf
Vc.
mf

72
S. Solo
Pno.
p
Vln. I
p
Vln. II
p
Vla.
p
Vc.
p

매화마을 찬가

겨울 여운 채 가시지 않은
2월 하순
울진 명소 매화마을엔
홍매 백매가
그윽한 향내 날리며 피어
요조한 미소 머금고
조용히 인사 건넨다

이 마을에서 난
명사 만화가 이현세
그의 만화가 온 마을 벽에
벽화로 그려져
재탄생하는 예술향 더불어
매화마을 정겹다

집집마다 솟아오른 매화
새싹 돋는 개천 둑
정다운 동네 입구
휘어드는 산모퉁이 여기저기
봉곳이 피어있는
저 아름다운 심홍의 꽃
저 밝고 맑은 순백의 꽃
이 마을 이웃들과 어울려
한 폭의 수채화 이룬
이른 봄의 전령이여
아리따운 숙녀의 미소여!

(2019년 2월 22일, 울진 매화마을에서)

02 사랑에의 헌정

서울에 온 푸시킨

고통과 노예 멍에 지고
곤고한 농노처럼 살아가던
민중을 바라보며
애틋한 연민으로 가슴 쓰리던
알렉산드르 푸시킨

제정 러시아 말기
위대한 정신과 영혼을 지닌 샛별
푸시킨은
낭만적 리얼리즘의 기치를 들고
시와 소설을 창작하여
국민의 마음 마음에 아로새겼다.
동포를 향한 깊은 사랑과
불후의 시를 남긴 채
서른여덟의 나이를 살다간
푸시킨

그의 서거 180여년이 지난 후
21세기에
홀연히
서울에 날아와
도시 한 복판
을지로 입구에 동상으로
우리 곁에 있다.

한·러 대화에서
양국 정상이 합의하여
세워진 푸시킨 시인은
우리에게 말없이 미소지으며
오늘도
내일도
그의 영혼을 감싸는
반짝이는 시혼을 전해주며
거기 그렇게 서 있다
다정한 벗으로
세기의 연인으로...

(2016년 8월)

늦어버린 예방

올 팔월은
국립현대미술관 과천관 설립 삼십주년
기념식 겸한
중견 작가들의 전시 개관식에 초대받았다.

앞으론 관악산 안고
뒤론 청계산이 받쳐주는
미술관은 아늑하다.

무더위 해는 지고
앞뒷산 어우르는
한여름 밤
아련한 바람이
불볕 더위에 찌든
얼굴에 스친다.

야외무대에 기대 앉아 있자니
문득
미술관 현관에서
석남石南 이경성 선생님이 걸어나오는
환시幻視에 빠졌다.

60년대 초 선생님의 미술 강의를 듣고
70년대 초엔 관장으로 계시는
홍익대 도서관의 부름 받아
선생님 모시고 일했던
추억이 뭉클뭉클
가슴을 채워온다.

석남 선생님은
이 과천 미술관장을 7년간
두 번 역임하시며
틈내어 놀러오라 했는데...
무슨 세상살이 그리 바빠
대답만 보내곤
끝내 방문을 놓치고 말았던
진한 아쉬움만 지녀왔다.

그리곤
30년 한 세대가 유성처럼 스쳐가고
먼 이국 뉴욕에서 서거하신 지 7년

이제서야 방문해 보니
그리움과 안쓰러움으로
회한의 눈물만 맺힌다.

오늘은 임이 계시지 않은
과천에 홀로 와서
늦어버린 예방禮防을

자책하고 있다.

(2016년 8월 18일)

淸波에 돛 달고

나라를 앗기고
한 세대 넘게
일제의 종노릇 했던
오욕과 설움도 모자라

이 조국 겨우 찾아
세운 나라에
북한 공산주의 집단의 침략전쟁으로
초토화焦土化된 비극의 땅
북한을 탈출하여
혈혈단신 부산으로 피란 나와
고향과 가까운 원주에 정착한
외로운 청년 한승룡韓昇龍.

헐벗은 조국의 작은 도시에서
무엇으로 생계를 이을 것이며
무슨 일을 할 수 있을까
그는 고뇌를 거듭했다.

다행히 포성이 멎어 통일이 되면
타향살이 접고 귀향에 간편한
업종을 찾는 것이 상책이라 믿고
금은방을 운영키로 한다.

가게를 낼 터를 잡기에
고심 거듭하던 청년은
함경도 북천에서 내려와
병원을 경영하던
박충모 원장께 수차례 간청하여
한 평짜리 공간을 얻는다.
사연 많은 한 평 가게에서
자수성가한 성실한 집념의 청년
그가
오늘의 청파 한승룡 이사장이다.

한 평 판잣집 가게를 운영하며
새벽 미명 일찍 일어나
가게 앞은 물론
넓은 병원 앞과 유리창까지
정성들여 깨끗이 청소하는
성심과 근면을 알아챈 원장은
건물 안쪽으로 한 평을 더 내주어
두 평 가게를 운영토록 허락했으니
이는
하늘이 이 갸륵한 청년의 뜻을
가납嘉納하셨음이라.

청파 선생은
그 정성과 인내
말없는 실천의 귀한 덕목을
일생 동안 놓지 않고
구십의 연치年齒에도 계속하고 있으니....

그가 오늘까지
원주 지역사회는 물론
연세대학의 어른으로
존경과 사랑 한 몸에 받으며
사업가로 지도자로
크게 성공한 길엔
그를 믿고 도우며
친 할아버지 이상으로
은혜 베풀어 주신
두 분 어른의 사랑을 잊지 못한다.

한 분은
당신 병원 건물 옆에
한 평의 가게 터를 내어주신 분이고
또 한분은
고향이 함경도 단천이며
원주에 자리 잡고 여관을 운영하던
독림가篤林家 심기영 어른이다.
이 두 고향 어른들은
젊은 청파 선생을 깊이 이해하고
아낌없이 후원하여
천애고아天涯孤兒와 같은
무일푼 외톨이 청년의 꿈을
키워주신 은인이었다.

이분들을 만나
어버이로 섬긴
청파의 삶은 축복이었고
하늘같은 은혜 그 자체였다고
술회할 때마다
그의 눈시울이 붉어짐을
몇 번이나 보아왔다.

생애의 노을녘에 접어든
청파, 그분은
지금도 가끔씩
두 분의 유택을 찾는다.
맨주먹의 막막한 젊은 시절
깊은 은혜와 사랑 못 잊어
그곳을 순례巡禮하는
정한情恨의 신사이다.

보금당을 기반으로
독림가 심기영 어른의
조언과 지원으로
450여만 평의 임야를 확보하고
손수 조림에 나서
100만주 이상의 조림사업을 수행한
지역사회 발전을 뒷바라지한
어엿한 지도자이다.

사랑하는 둘째 아들을 잃은 후
선생은 땅이 꺼지고 하늘이 무너지는
깊은 오열嗚咽을 딛고 일어서
하늘의 소리를 듣고
모교 연세 원주캠퍼스에
한경범장학회와 청파장학회를 세워
“한 알의 밀이 땅에 떨어져
죽지 않으면 한 알이 그대로 있고,
죽으면 많은 열매를 맺으리로다.“
<요한복음12:24>란 말씀 따라
새로운 아들딸들인 수많은 젊은 인재를
장학금으로 길러내고 있으니
청파선생의 헌신과 베풂의 생애가
어찌 하나님의 뜻을 이루는
오묘한 섭리 아니랴!

동족상잔同族相殘의 애통하고 잔혹한
6.25 전쟁의 쓰디쓴 폭풍설한暴風雪寒
온몸에 뒤집어쓰며
비극적 역사의 소용돌이에서도
결코 쓰러지지 않고
피땀으로 기업을 일으켜
젊은 준재들과
나라에
사회에
정성으로
사랑으로
생명존중과 나눔의 생애
살아 온 사표師表!

모교 연세는
청파 선생의
아낌없는 모교 사랑과
재정 지원에
감사의 정표로
명예보건학박사 학위를 수여했는데,
이로 어찌
그의 큰 뜻을 가름할 수 있으리요.

청파 선생은
쉬지 않고
늘 푸른 꿈꾸는
쇠하지 않고 영원한
청년이다.

오늘도 그는
거센 풍랑과 파도 거뜬히 넘어
청파靑坡에 돛 달고
자랑스럽고 아름다운
생애의 대해大海를
유유히 항해하고 있음이여!

그를 흠모하는
수많은 이들의
환호와 박수갈채拍手喝采 속에서....

(2017년 정월 서설이 내리는 날, 청파선생을 그리워하며)

홍매

부드러운
봄 햇살과 함께
살며시 피어난
홍매紅梅

조용히 다가서면
진홍眞紅의 단아한 미소
짙은 천향天香으로 맞는
아리따운 맵시

긴 세월 동안
그리워해 온 님인 양
영혼 깊이 설레이는
요조窈窕한 자태여!

(2017년 4월 14일)

홍매

부드러운
봄 햇살과 함께
살며시 피어난
홍매紅梅

조용히 다가서면
진홍眞紅의 단아한 미소
짙은 천향天香으로 맞는
아리따운 맵시

긴 세월 동안
그리워해 온 님인 양
영혼 깊이 설레이는
요조窈窕한 자태여!

友江詩
一粟書

외딴 생각

푸르른 오월
길을 걷는데
문득
미풍처럼 피어오르는 생각

생명을 꽃으로 피워
온갖 색깔로
눈을 끄는
뜰 안 만발한 꽃을 보며
넋 나가 있는데
꽃 향처럼 번져오는
딴 생각

봄비 내려
미세먼지 가신
맑은 봄 하늘
둥둥 떠 흐르는 구름
하염없이 쳐다보다
어느새
내 영혼 채워오는
외딴 생각 한 줄기

그것은
가슴에 맺혀
뿌리 내린
그리움이었네
애틋한 애모로 번지는
외딴 생각이었네.

(2017년 5월 11일)

다시 시인에게

그대
수많은 이들에게
세대와 세대
나라와 나라로 이어
가슴 흐르는 기쁨과 슬픔으로
영혼에 스며들던 이
푸시킨 시인이여

사랑하는 이의 명예
그리고 사랑을 지키기 위해
목숨을 담보한 결투에서
치명상으로 젊디 젊은 생애를
마감해야 했던 그대

두 세기의 시공時空 넘겼지만
여기 이 작은 방에서
숨이 잦아드는 이틀간
생사를 넘나들며
고통을 감내했던
작은 소파는 방 한켠에
그대로인데
푸시킨
그대는 어이
재회할 수 없는 나라로
떠나셨나요.

아 위대한 시혼을 지녀
그대가 남긴
불후의 시편들은
그대를 흠모하여 잊지 못하는
세계인의 가슴마다
애모의 정으로 꺼지지 않고
타오르건만 ...

그대가 훌훌히 하직했던
이 쓸쓸한 방 앞에 서니
울컥 그 고결한 소리가
낭랑하게 들려옵니다.

'사람들의 사랑에 연연하지 말라
열광과 칭송은
잠시 지나가는 소음일 뿐'

САНДРУ СЕРГѢЕВИЧУ
ПУШКИНУ.

짧디 짧은 생애의
젊음을 뒤로하고
극통의 비애를 남기고
이승을 훌훌 떠난 그대여
덧없는 삶에 연연하는 이에게
속삭여 들려주는
영혼을 일깨우는
시의 무지개는
아직도 찬연한 빛을 발하고 있는데
어이 그대는 침묵으로
시인들을 맞고 있음인가요
우리 가슴에 가득한
흠모의 시와 슬픔을 흠향하소서.
그대를 향한 애끓는 순전純全함과
사랑을 받으소서

못다 펼친 그대의
삶과 사랑과 시혼이
너무 아까워
가슴 시려하는
뭇 영혼들의 슬픔과 애통을
그대에게
조용히 바치올 뿐입니다.

(2017년 10월 25일 러시아 상트페테르부르크 푸시킨 박물관에서)

선생님 여읜 10년 세월에

그리운 선생님의 새 집은
통영
미륵산과 희망봉 연봉이
좌우로 울타리 해 주고
한산섬 뒤 바다가 훤히 바라보이는 곳
선생님이 꼭 10년 전
새로 오신 집

비석 하나 없이
단촐하고 깨끗한
자연 그대로의 유택에
온 나라 곳곳에서
선생님 10주기를 기려
모여든 이들로 가득하다

오늘은 선생님의 시 "삶"을
타원형 오석烏石에 새겨
선생님 아담한 동상 곁
양지 바른 곳에 기렸는데

'달 지고 해 뜨고
비 오고 바람 불고
우리 모두가 함께 사는 곳
허허롭지만 따뜻하구나
슬픔도 기쁨도 왜 이리 찬란한가'란
시구를 가만히 서서 듣는다

선생님 계신 언덕에 올라
선생님께 올리는
소복 무희의 헌무獻舞로
추념의 막을 연다

박경리 선생님 계신 곳을
빙 둘러선 울창한 소나무들
한 켠엔 감나무들이
10년이나 자라
님 곁을 안위하고
숲은 연초록
새 옷 단장하고
5월 선생님 댁 찾아온 하객
말 없이 맞고 있구나

툭 트인 한산 바다 푸른 물과
파아란 하늘이
선생님을 언제나 동무해 드리고
때때로 살며시 찾아와
소곤거리다 돌아가는 바람도
촉촉이 내려
선생님 목 축여 위무하는
빗방울도 다정한 벗일테지

10년째
님을 뵈러온
나그네의 심사는
오늘 따라 왜 이렇게 설레는가
고요히 절하는 마음도
세월의 무상함에
절로 서늘하고 엄숙하다

시간의 한 자락에 안겨 버둥대다
언젠가 이 대자연으로 회귀하는
인생의 화폭 한 면이
가슴을 스치고 지나가고 있음인가

아
언젠간
선생님이 계신 새 집의
새 세상에 가서
반가이 맞을 날
기쁨으로 손 마주 잡을 날
긴긴 회포懷抱 풀 날
그런 날이 오려니…

(2018년 5월 5일, 통영 미륵산 기슭, 박경리 선생님 유택에서)

네바강가에 선 박경리 동상

언제 와도 네바강은
강둑을 넘실대며 유유히 흐르지만
오늘 따라 일렁이는 여름 바람과
물결 함께 출렁이며 흘러가고 있다.

상트페테르부르크의 6월은 분명 여름이언만
초가을 선선한 바람결이
파아란 하늘 안고 흘러가고
강가의 갈매기도 자유의 날갯짓으로
러시아 제일의 역사 서린
대학 정원 위를 날고 있다.

И почему столь ркими для нас
становятся и радость, и печаль?
슬픔도 기쁨도 왜 이리 찬란한가

한 러 두 나라가 한·러대화 창립하고 합의한
양국에서 존경과 사랑받는 문인 동상을
교차하여 건립하자 했다.
5년 전 서울 을지로 입구에 세워진
알렉산드르 푸시킨 동상과 같이
상트페테르부르크 대학 뜰에
온 겨레가 흠모하는 박경리 동상을 세웠으니,
어찌 오늘 영혼 흔드는 깊은 소회 없으랴.
러시아 땅에 한민족 문화의 상징으로
타계 10년 만에 선생님 입상을 제막한 날.

선생님, 연년세세에
러시아와 세계인들에게 동방 해 돋는 나라의
높은 문학정신과 생명사상을 손수 나눠주시고,
"슬픔도 기쁨도 왜 이리 찬란한가"의 시혼詩魂
길이길이 음미하게 하시며,
우리 동포들에겐 민족과 나라의 위대한 자긍으로
영원을 창조하는 빛으로 남으소서.

불초 후예 저희들은
가슴에 치밀어 오르는 눈물 감추고
두 나라 대표들 기쁨으로 함께 제막하여
이 나라에 다시 탄생한 선생님,
이 신선하고 깨끗한 바람결 소리 들리고
때론 눈 비 내리는 하아얀 순수의 빛 비춰오며,
붉은 해당화 피어 눈부시고
마로니에 푸르름으로 사위 지키는
역사 찬란한 땅, 높은 지성 감도는 뜰에
별처럼 반짝이소서 영원처럼 타오르소서.

(2018년6월20일, 러시아 상트페테르부르크 대학 정원에서)

바람결로 그려진 수채화

여름 한 오후
북한강변을 따라 달리는
차창을 여니 바람결이 신선하다

유유히 흐르는 정갈한 강물
물비늘 찬란하고
강 건너 서종 뒷산도
초록으로 단정하다

카페 '왈츠와 닥터만' 쯤에 내려서니
한낮인데도 강변 가까이
둥글고 커다란 가로등이 마치
황금색 빛나는 보름달이다

동행한 그녀에게
가로등 곁에 서보라 하고
셔터를 누른다
그런데
유려한 연초록 강물 따라
청정히 스치는 바람결 따라
피사체의 치마가 흔들린다
순간 그녀는
한줄기 아름다운 바람결이고
강물에 일렁이는 강물결이다

둥그런 보름달 아래
한 폭의 바람결로
한 줄기 강물결로
한 곡의 우아한 선율로
흐르며
그려진
수채화이다

(2018년 7월 6일, 북한강변에서)

바람결로 그려진 수채화

한상완 시 / 이재석 곡

23
데 — 강 변에황 금색 둥 근가로
28
둥 보 름달로 떠 —있— 네 —
33
내 옆 에선 여 인의 사 진을 찍노 라
39
니 — 유 려한 연 초록 강 물따라

44
청 정한 바 람 결 따 라 ― ―라라라
49
그 녀 의 치 마 자 ― 락 이 조 용 히 펄 럭 인
55
다 ― 순 간 여 인 은
60
한 줄 기 아 름 다 운 바 람 결 이 고 ―

65
강 물에 일 렁이는 우 아한 물 결 이
8va
71
다 ㅡ
76
81
둥 ㅡ그런 보 ㅡ름ㅡ 달 아 래 한 줄기

86
바 람결ㅡ로 ㅡ 찬 란한 물 결위에
91
그 려 진 한 폭 의선 연한 수 채화이
96
rit.
Lento
다 한 폭 의수 채화 다 ㅡ
101

시월 상달 보름

시월 상달
보름 밤에
달 보고 있노라면
마주하지 않아도
고운 얼굴이 보인다

하염없이 쳐다보면
어느새
그 얼굴로 변하여
그윽한 미소로 환하다

(2018년 11월 22일, 음력 시월 보름에)

시월 상달 보름

시월 상달
보름 밤에
달 보고 있노라면
마주하지 않아도
고운 얼굴이 보인다

하염없이 쳐다보면
어느 새
그 얼굴로 변하여
그윽한 미소로 환하다

友江 詩
一粟 書

03 지구촌 삶의 여정

제멋

제멋이 없는 삶
아름다울 수 없겠지
기쁠 수도 없겠지
아마
보람도 영글지 못할게다.

그러나 제멋에 목숨도 생애도
거는 것은
좀 지나침 아닐까.

상식은 팽개치고
제멋에 겨운 나머지
그 멋에 생명을 건 이가 있다.

분단 조국의 비극으로
70여년 고통과 슬픔을 끼고 사는
우리 겨레는
민족의 성산聖山 백두산에
쉽게 접근하기 어렵다.
중국을 통하여
그 반쪽을 오를 뿐.

몇 해 전
어느 봄날
인사동 아라아트센터에서
백두산 사진전이 열렸다.

전시장은
3.4층 높이의 한 면에
백두산 전경이 걸려 있었다.
그 모습을 대하는 순간
숨이 막히고
눈은 경이에 떨리고
가슴은 감동으로 얼어붙었다.

사시사철
백두산에 틀어박혀
찍은 작품들로
전 층의 벽을 가득 메운
사진작가 안승일의 제멋이
오롯이 드러난 장관이었다.

봄, 여름, 가을은
천막을 치고
밤낮 가리지 않고 작업
인간의 접근이 불가능한 신의 영역
빙점하 50도가 넘는 삭풍 겨울은
얼음구덩이 파고
에스키모인으로 환생하여

푸르스름 새벽 미명엔
어둔 배경으로 찍고
한낮엔
해와 구름 바람과 함께,
황혼녘과 한밤엔
석양빛 달빛 별빛으로
시공 넘나들며
셔터를 눌렀다.

제멋에 홀린 작가는
백두산을 찍는 작업이
생명과 바꿀 각오로
하늘이 내린 소명으로
운명으로 전율하는
혼신을 바친 투신이었다고
고백했다.

산짐승처럼 치달아
피사체被寫體 포인트를 찾아 헤매고

때론 하늘을 날아
항공 촬영으로 잡은 백두 영상은
경이!

천지 맑은 호수 안고 있는
웅대한 백두의 혈맥은
줄기 마디 마디가
살아 움직이는 뼈마디요
전인미답前人未踏의 신의 영지.

한여름의
저 맑고 아름다운 호수
천지를 보듬고 있는 영산 백두는
깊은 평화
모성 그윽한 사랑이며
한반도 지탱하는 웅대한 등뼈

그뿐이랴
멋에 겨운 작가는
백두 계곡을 더듬어
수많은 야생화를 카메라에 담아
신이 빚어낸 정경을 들려주었다.
철따라 피고지는
꽃과 곤충을
따뜻하고 비단같이 고운 심성으로
빚어내 보여주었으니

제멋에
고귀한 생명을 바치는 치열함으로
백두의 신성神聖을
백두의 장대함을
백두의 절대 순수를
백두의 극치의 미를
배달겨레에게 헌정한
살신성인殺身成仁의 증인이다.

그는.

(2016년 8월)

길

기차가 길을 간다
수많은 이들의 땀과
공력功力 담긴 길을 간다

기찻길 옆으로
길게 따라오는 도로 길에도
차가 달린다
긴 길 따라
가을 강도 길을 간다
굽이굽이 흘러 길을 간다
파란 하늘 흰 구름도
길을 내며 흘러간다

만추
울긋불긋 단풍 숲길 지나
길고 긴 길
기차가 간다
나도야 길벗 되어
세월과 함께
길을 간다

(2016년 11월 18일)

길

기차가 길을 간다
수 많은 이들의 땀과
공력功力 담긴 길을 간다

기찻길 옆으로
길게 따라오는 도로 길에도
차가 달린다
긴 길 따라
가을 강도 길을 간다
굽이굽이 흘러 길을 간다
파란 하늘 흰 구름도
길을 내며 흘러간다

만추
울긋 불긋 단풍 숲길 지나
길고 긴 길
기차가 간다
나도야 길벗 되어
세월과 함께
길을 간다

友江 詩
一粟 書

재래시장

동네 앞 골목길
재래시장 지나 버스 타러
오며 가며
지나노라면
온갖 냄새
온갖 맛내
향기 피워낸다

메주 가게 안에선
삶은 콩 숙성되는
퀴퀴한 냄새

기름집 앞에 가면
들기름 향, 참기름 향내
코를 고소하게 간질이고

할머니 떡집 앞 지나노라면
갓 쪄낸 시루떡
김이 모락오락 올라
다정한 어머니 밥상 차림의
익은 쌀밥내 풍겨온다

건너편 과일가게엔
'산지 직송' 써 붙인 글자와 함께
풋풋한 사과향 감귤향이
발걸음 살짝 유혹한다

반찬가게 앞에선
맛이 익어가는 배추김치의 쿰쿰한 냄새
군침 돋우고
동네 앞 재래시장엔
먹고 살아가는 도시 서민의
온갖 향내와 냄새가
이리저리 배어 섞여가며
오늘과 내일을 살아가는
냄새와 맛을
때론 살폿한 향도
빚어내고 있다

(2016년 12월 22일)

잊혀지지 않은 대가야

세계인의 마음에 서려 있는 이상향
샹그릴라는 푸른 달의 산을 배경하고 있다.
카첸중가 해발 4,500m 산록
가르왈 히말라야와 티베트 라다크에 자리한
두 사원寺院을 가리키는 그곳은
고대 인도의 경전에도 기록된
전설의 땅, 인류 소망의 땅.

역사의 뒤안길에 닫혀진 채
한반도에도 은둔의 왕국이 있다.
대가야국 옛 왕도 고령에...

봄비 그은 맑고 푸른 하늘에
연두색 옷 갈아입은 오월 산하
청초한 자태로
오늘도 대가야는 빛나고 있다.

잊혀져 서러운 왕국은
백두대간 영기 받아
푸른 달의 산처럼 우뚝한

가야산 병풍 삼고
남향으로 안온하게 터 잡아
반월半月로 멀리 낙동강 품고
가야산 동서에서 발원한
회천과 안림천이 어머니 품인 양
보듬는 천연天然의 터전

조선의 샹그릴라 대가야는
일천오백여 년 흐르며
이 땅 일궈 번성해 온
면면한 후예들이
오늘을 살아 생동하고 있으니
이제 더는 은자의 나라도
비애 담겨 전설에 묻힌
왕도도 아니어라.
옛 왕국 뒷자락 주산 언덕에
칠백여 고분이 왕족과 순장 품은 채
보름달 같이 넉넉하고 크나큰 뫼로
우리 곁에 함께 있나니

겨레여, 벗이여
역사에서 지워졌던 대가야 위해
이젠
슬퍼하지도, 눈물짓지도 말자.
대가야 왕국의 맥 면면히 이어
숨겨진 나라, 지나간 역사의 땅에서
오늘
생명 솟아오르는 대지로,
자랑스런 삶의 터전으로,
어엿한 새 역사
일구어 내고 있으니!

우리 함께 손 맞잡고 환호하며
기꺼이 우륵의 가야금 타면서
자유와 평화 향해
행복한 미래 향해
두 팔 벌려 달려감이
마땅치 않으랴!

(2017년 5월13일, 한국시인협회 대가야 봄 문학기행에서)

폭우 세례

칠흑漆黑의 늦여름 밤
폭포수 빗줄기 쏟아진다
철 바뀌는 여름 하늘 퍼붓는 비 홀로 막다 막다
하늘 천막 그만 툭 터져
호숫물이 쏟아진다

창문 여니 물 먹은 습기
치렁치렁 몸에 배어들고
물 내음 가슴에 가득 차오른다

비가 오지 않아 삼남三南의 농민들 노심초사
가슴 바싹 태우더니 지각한 비 봇물 터져
시원스럽긴 하다만 병들어가는
지구별 변덕 알 수 없어 외롭고 우울한 심사

그래 어차피 이 밤은 칠흑 세상
하늘 터진 물세례 받으며
이미 잠은 저만큼 달아났다

(2017년 8월 20일)

참새처럼

동네 길 옆
작은 공터
잘 자란 소나무 몇 그루 서 있는
풀밭 다듬어진 잔디 위
열대여섯 마리 참새 떼
포르르 포르르 여기 저기 날며
재재거린다

잔디 위에서
무언가 사이좋게 쪼아 먹다간
짹짹거리며 이리저리
날라 앉는다

어쩜 저리 사이좋고 평화로운가
만물의 영장이라 으쓱거리며
지구별은 제 것이라 군림하는 인간들

세상을
멋대로 쪼개어 금 그어 놓고
수천 년간 으르렁거리며
전쟁과 다툼으로 세월 보내고
이웃 나라는 물론 지구 끝 나라까지
침략하고 정복하던 역사

원자탄과 수소탄도 모자라
핵탄두 탄도미사일로 협박하며
설쳐대는 북한 도당들은
평화란 단어는 태초에 없었던 양
원색적으로 협박 일삼는
작금의 한반도와 세계 앞에
무심히 서서
오늘 길 옆 참새들만 망연히 쳐다본다

아, 비극의 나라
한 맺힌 한반도
동족상잔의 비참한 전쟁으로
수백만 인명을 살상하고
금수강산 초토화되어
기댈 데 없이 울고 불며 참담한 비극 안고 살아온 지
어언 반세기
그 상처 통절함 아물기도 전에
이 악몽의 전쟁 다시 일으키려는
북한의 협박에 화평 앗긴
위태한 이 겨레

미물이라 쳐다도 안 보는
동구 밖 잔디 위의 참새 떼가
신神의 사절인 양
고귀한 참살이의 모습으로 다가옴은
신의 영토를 넘보며 으쓱대는 가련한 지구인의 오만을
반추하게 하노니

초가을 시원한 바람 타고
둥싯 떠가는 파란 뭉게구름
저 유유한 자유와 평화 누리며
끝없이 유전하며
자연과 함께 살아가는
천상의 영물 참새들이여
우리 겨레도 순결한 화평 지닌
참새처럼 살고지고

(2017년 9월을 보내며, 전운이 감도는 위태로움 속에서...)

가을에 물든 모스크바

구불구불 휘어 흐르는
모스크바 강변에 서 있는
자작나무 숲은 짙은 갈색으로 물들어
가을에 외로이 잠겨 있고
노보데비치 수도원 옆 호수도
깊은 가을에 침잠하다

검은 구름으로 덮인 하늘에선
추적추적 비는 내리고
빗방울과 낙엽은
동무하여 뚝뚝 떨어지고
넓은 평원을 깔고 앉은
모스크바는 말이 없어라

버스를 타고 거리를 달리는
에트랑제 혼도
노란 낙엽에 함께 물들고
어딘가에
동방의 혼이 스며 있는
러시아 수도의 숨결은
외로운 나그네의 심사를
살몃한 미소로 스쳐가며
그저 조용히 손짓하고 있다

(2017년 10월 21일)

장미꽃 무덤

담장 안에 심은 장미 수 년째 자라
훌쩍 담장 넘어 붉은 성 이루며
우아하고 화려하게 피어올랐다

어느 늦은 5월 세차게 비가 내리고
비 그은 아침은 가을 하늘처럼
맑고 눈부신데
담장 밑 길가에 군데군데
장미꽃 무덤이 생겨났다

선홍의 장미꽃잎으로 쌓인 무덤은
햇빛 받아 찬란하게 붉은 꽃잎으로
반짝이는 눈물로 영롱히 서려있다
꽃의 여왕답게 낙화에도
화려한 아름다움 갖춰
꽃무덤 이루고 있다

처절하게 붉고 투명한 여왕 무덤엔
슬픈 위엄까지 서려있다
이 장려한 꽃무덤 얼마나 오래
그 위용과 찬란함 유지하려나
아마도 하루 이틀
빛나는 아침 햇볕에 스러져 버릴
선연히 붉은 장미꽃 무덤이여

(2018년 5월 하순)

소나기 기쁨

길가의 초목들이 고개 푹 숙이고
시들어 늘어져 있다
이 폭염의 더위가 언제나 끝나려나

길 걷는 뭇 사람들
작열灼熱하는 태양 볕에
찜져 풀이 죽고
비 오듯 흘러내리는
땀 훔치기 바쁜 대낮
몇 주째 이어지고
밤에도 꺼지지 않는 열기
찜통 열대야의 극성
누가 어떻게 막아서랴

오늘 예보엔
소나기 소식이 있다는데
오전엔 찌는 볕 여전하고
비 내릴 낌새 전혀 없다

그런데
오후가 익어가는 즈음
갑자기
천둥에 마른번개 번쩍이더니
소나기다~
대지에 후드득 후드득 쏟아진다

얼마나 열망하던 소나기더냐
길 걷는 이들
쏟아지는 소나기 아랑곳없이
피할 생각들 전혀 없다

저 피말리며 시들어
주눅들은 초목들
소나기에 일제히 손 벌리며
고개 쳐드는 싱싱한 모습 보이는 듯

이 길고 길어 끝 모르던
질곡桎梏진 염천하에
생명으로 쏟아 붓는
구원의 단비여
기쁨의 소나기여

(2018년 7월 28일 오후, 소나기를 맞으며)

한겨울 금각교

정월 초나흘
밝은 주황 초승달

별 쏟아지는 검푸른 하늘
별들 총총

블라디보스톡
금각교 뒤편 언덕에 서서
금각강과
전등불 반짝이는 시가지도
별처럼 아름다운데

영하의 차운 날씨는
코 끝 쨍하는 명징함으로
이방인을 설레게 한다

(2019년 2월 8일, 시베리아 극동 블라디보스톡의 한 밤)

설원

시베리아 황단열차를 타고
가도 가도 설원雪原
너르고도 너른 눈 밭에
흰 눈 닮은
자작나무 숲이여 숲이여
끝이 없는
하얀 세상 하얀 세상

푸른 하늘
너무 짙푸러
비감悲感이 감겨있는
저 푸른 하늘

어쩌면 좋은가
어쩌면 좋은가
시베리아
비아젬스까야의
설원이여
광활한 대지大地여!

(2019년 2월 9일, 시베리아 횡단열차에서)

설원

시베리아 횡단 열차를 타고
가도 가도 설원雪原
너르고도 너른 눈 밭에
흰 눈 닮은
자작나무 숲이여 숲이여
끝이 없는
하얀 세상 하얀 세상

푸른 하늘
너무 짙푸러
비감悲感이 감겨있는
저 푸른 하늘

어쩌면 좋은가
어쩌면 좋은가
시베리아
비아젬스까야의
설원이여
광활한 대지大地여!

友江 詩
一 葉 書

바이칼호 알혼섬에서

긴긴 바이칼 호수
지구촌에서 가장 청정하고
가장 속이 깊은 호수
그 서쪽에 자리한
동양 정신 시원 始原의 터
알혼 섬에 다다르니
내 영혼의 깊은 골짜기에
회오리바람 한 줄기 휘몰아치네

탱골, 단군 전설이 수천년 서려있는
샤먼 정신 기원의 터에서
시베리아의 바다 같은 호수
바이칼의 매서운 한기 寒氣
내 순정 純情한 가슴 설레게 하네

한반도 배달민족 깊은 영혼에
수수만년 자리잡은 샤머니즘
그 기원의 땅, 부랴트인의 고향
바로 이 곳 알혼 섬 부르한 바위
그 신묘하게 우뚝 솟은 모습
바위에서 영험 靈驗한 혼이 서린
영원과 잇댄 역사의 땅에서
나는 단지 다소곳이 서 있을 뿐이네
고요히 고개를 숙일 뿐이네

(2019년 2월 12일, 시베리아 바이칼 호수 서쪽 알혼 섬에서)

봄의 강

길을 달리며 예서 제서 봄을 만난다

벌써 활짝 피어난 벚꽃도 만나고
산굽이 도는 외딴 마을에
아무도 모르게 핀 매화도 만났는데
스쳐 지나가는 이에게
살며시 눈인사 건넨다

노랑 개나리는 수줍은 듯
노랗게 미소 짓고
마주치는 수많은 산 굽이굽이마다
연초록 새 옷 단장한 풀과
새 순 움트는 수목도 반긴다

너른 늘판 지나노라니
유유히 굽어 도는 봄의 강도 만난다
가물었던 겨울이라
넉넉한 물길은 아니어도
봄 하늘 안고 빛나며
구불구불 흐른다
봄 향기 더불어 피어난 꽃들과
도란도란 얘기하며 유려하게 흘러간다

봄의 강과 나란히 봄 서기에 취해
나도
봄과 함께 흘러가고 있다

(2019년 4월 초순, 영광의 선조 할아버지 시향에 가며)

봄의 강

길을 달리며 예서제서 봄을 만난다

벌써 활짝 피어난 벚꽃도 만나고
산굽이 도는 외딴 마을에
아무도 모르게 핀 매화도 만났는데
스쳐 지나가는 이에게
살며시 눈인사 건넨다

노랑 개나리는 수줍은 듯
노랗게 미소 짓고
마주치는 수많은 산 굽이굽이 마다
연초록 새 옷 단장한 풀과
새 순 움트는 수목도 반긴다

너른 들판 지나노라니
유유히 굽어 도는 봄의 강도 만난다
가물었던 겨울이라
넉넉한 물길은 아니어도
봄 하늘 안고 빛나며
구불구불 흐른다
봄 향기 더불어 피어난 꽃들과
도란도란 얘기하며 유려하게 흘러간다

봄의 강과 나란히 봄 서기에 취해
나도
봄과 함께 흘러가고 있다

友江 詩
一 粟 書

헤이그 도로변의 수선화

이른 봄
아직 겨울 뒷모습 남아 있는
헤이그의 거리를 걷노라니
어디선가 신비로운 향이 코를 스친다
이게 무슨 향내?
오랜 도시 헤이그의 냄새인가?

그냥 무심히 지나치려니
몇 걸음 만에 또다시
형언키 어려운 고운 향이
걸음을 멈추게 한다

도로 옆으로 가보니
노란 꽃송이가 보인다
아 작은 수선화다

국제학회 참석차
처음 방문한 이방인에게
도로가의 수선화라니 낯설다

정갈한 주택 정원에나
정기 수려한 산기슭에나
푸르른 해변가 쯤에 피어나야 하거늘
도시 거리의 한켠에 피어
그윽한 향내를 내고 있다니

하릴없이 홀가분한 여행 길 아닌데도
가다 서다를 반복하며
꽃과 마주하여 향을 깊이 호흡하며
이국의 정취에 취하고 있다
짜인 시간일랑 제쳐 놓은 채

수선화 피어나는 계절이 오면
그 헤이그의 이른 봄
길가의 향 그윽했던
노오란 수선의 모양이
고운 임의 얼굴인 듯
마음 가득 담겨 온다

(2019년 4월 13일, 헤이그의 수선을 그리며)

미세먼지에게

오늘 미세먼지 농도 예보는 나쁨
거리에 나서니 모든 이들이 마스크 했다
얼굴을 가려 마스크 안 얼굴 읽진 못하나
분노와 체념으로 일그러졌으리라

미세먼지 농도가 짙은 날
우리는 화가 치밀고 혐오에 휩싸인다
이 풍진風塵 세상살이도 버겁거늘
숨도 제대로 쉴 수 없는
오염 젖은 대기라니…

누굴 향한 불만과 배신감인지
특정할 수 없으나
분통과 울화를 홀로 새기긴 어렵고
꾹꾹 눌러 참노라니 우울증도 겹쳐온다

미세먼지를 펑펑 토해내는
나라 안의 파렴치한破廉恥漢들과
이웃나라 중국의 도를 넘는 작태는
개선될 기미 보이지 않고
이를 부추기는 어둑한 저기압까지도 원망스럽다

미세먼지로 하여 호흡이 곤란하고
헉헉대는 헤아릴 수 없는 이들이
통계에도 잡히지 않고 스러져가고 있는데
바람이라도 시원스레 불어 주기를
하늘 향해 간원하지만
이 숨통 막는 살인 먼지를
뉘라서 저 멀리 대양으로 내몰아 주랴

아 그러나
미세먼지여 미안하다
인간의 이기심으로 독버섯처럼
만연케 해 놓은 것을
네게만 분통과 저주로 뒤집어씌우는
눈 멀어 미련한 인간들을
부디 용서하기를...

(2019년 4월 연속되는 미세먼지에 부쳐)

태양의 길

여름 익어가는 6월 하순
인천공항 떠나 저 멀리
상트페테르부르크행 비행기에 탑승하다

창 밖 뜨거운 햇살은
왼쪽 귓불 따끈따끈 데우는데
실내 서늘한 온도가 식혀준다

그럼에도 온종일 작열하는 태양 향해
가도가도 끝이 없는
지구별 상공 달리고 있다
마치 하루살이 빛에 홀려 빨려가듯이

새벽 미명에 떠오르는 태양 맞으려
동녘 향해 가는 게 아니라
오후 서녘해 쫓아 쉼 없이
달려가고 있으니…

오늘의 비행은
영원의 새 빛 근원 태양계로
그것도 백야白夜의 고장 향한
힘찬 생명의 날갯짓인가

(2019년 6월 20일 상트페테르부르크 행 비행기에서)

04
내 영혼의 노래

한겨울 한강 길

동지 섣달
열엿새 기망旣望
둥근 만월滿月 하늘을 채우다

엄동嚴冬
쨍그랑 소리 나는
강추위

하늘도
검푸름으로 떨려
밤 물결 너울 이는
한강 길

따사로운 가슴으로
둥근 달 한 아름 안고
함께 걷는
두 연인

(2017년 1월 13일)

원재마을

봄바람 일렁여
거리의 나목들
엄동嚴冬의 터널을 지나
가지 흔들흔들
마을 뒷동산
연륜年輪 지긋한 소나무들도
바람을 타고 있다.

꼭 70년 만에 돌아와
예 살던 집 근처를
눈 짐작으로 두리번거리며
달라진 원재마을을 거닌다.

그 옛날
철없이 순진무구純眞無垢하던
아슴푸레한 추억이 가슴에 남아
바람결 타고
연한 멜로디 향기로 스며오는
마을의 작은 숲 언덕에 서니

따사로운 봄볕
볼을 간질이지만
휘감겨 오는
봄바람엔 아직
설한풍雪寒風의 한기가 서려 있다.

선영先塋의 시제時祭 모시러
고향 근처 지나다녔지만
무엇이 그리 시간을 재촉하는가
마음뿐
지나쳐 버리곤 하며
가슴 한켠에 미련만 덧쌓고
어린시절 회향懷鄕하다가
오늘은
기어이 차 머리를 돌려 귀향했네

당진 솔뫼성지 옆 동네
우강牛江 원치리 원재마을
내 예닐곱 살의 꿈과
아련한 그리움 수놓인 동산에
다시 돌아왔네.

소나무숲 그 언덕에서
남향으로 멀리 바라보면
할아버지 사시던
우강 소들광문 너른 평야와

반달처럼 휘어흐르는
삽교천의 모습이며
뜨덤뜨덤 논 가운데
자리 잡은 농가들이
한눈에 들어오는데

아득한 옛날
이 언덕에서 바라보던 정경
오늘 그대로 눈에 서린다.

원재마을 북쪽 구릉 앞
과수원집 길자네도
그대로인데
철모르고 만나 깔깔대던
길자는 어드메 살고 있을까.

어느 한겨울 소들공갠에 기거하시는
할아버지가 삼대독자
종손宗孫 보고싶다
전갈傳喝 보내시면
살을 에는 겨울바람 마다지 않고
휘청거리며 어머니 손 잡고
그 넓고 휑한 논길 건느노라면

턱이 덜덜 떨리고
뼛속까지 스며들던 추위도
오늘은 아름답고 그리운 추억으로
감미로운 향수로 포근히
남아 있음이네.

원재 뒷동산
곤고한 70여 년의 인생고개 넘어
여기 다시 서니
그 높게 느꼈던 유년의 기억은 연륜따라 낮아졌음인가
불과 십수미터 높이의 동산일 뿐인데...

삼월 중순
옛 고향의 봄은
밀려오는 남풍이
내 코트 자락을 펄럭이지만
하늘엔 흰 구름 몇 점
둥둥 떠 흐르고
소들평야 넓고 넓어 끝없는 시야視野
거기 그대로
삽교천과 함께 조용히
자리하고 있을 뿐이네

(2017년 3월 14일, 당진 우강면 원치리 옛 고향에서)

위대한 겸허

야스나야 폴랴나
레프 톨스토이가 한 생애를 살고
조용히 묻혀 잠들어 있는 곳
모스크바 남쪽 툴라

소설가요 사상가로
위대한 휴머니스트로 문호로
온 생애 기독 사랑을 실천했던
그래서
참 삶을 살아낸 이
여기 자작나무 숲 외진 곳에
외로이 잠들어 있네

흔하디 흔한 묘비석 치장도 없이
겸허히 흙 무덤에
고요히 누워있는 님이여
만추의 넓은 숲 한켠에
백년이 가도
또 백년이 흘러도
말없이 잠들어 있는 레프 톨스토이
진리의 스승이여

늦가을
노랑 갈색 낙엽으로
온 숲이 덮인 쌀쌀한 대지에
오늘도
해는 석양으로 저물어가고
위대와 지극한 겸허로
쇠하지 않고
살아있는 영혼으로
순례자를 맞고 있는
불멸의 님이시여

(2017년 10월 21일)

첫 만남

눈이 펑펑 내리는 날 새벽
외손녀 세아 에미는 산부인과에 갔다
그날 겨우 넘기고
다음날 새벽
힘찬 울음소리와 함께
겨울 지구별에 외손자가 왔다

병원에 사흘간 머물던 그가
집에 오자
학교 다녀 온 누나 세아는
온 가족 둘러보는 중에
깨끗이 손 씻고
조용히 오더니
그렇게 바라던 그앨
살포시 안는다

아무 소리 없이 안고
가만히 쳐다보고만 있다
미소 띤 얼굴로
한없이 따사로운 눈길로
깊은 사랑의 가슴으로
동생을 그윽히 바라보고만 있다

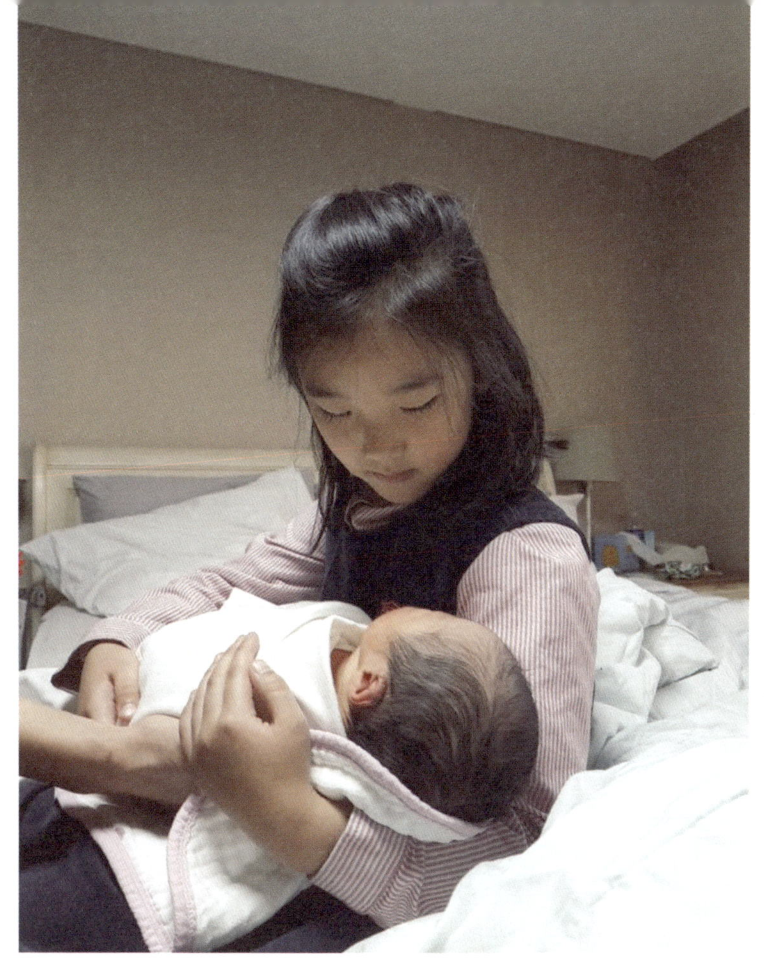

두 남매의 첫 만남은
온 가족의 가슴에
훈훈한 사랑을 선물했다

오 사랑스런 천사들

(2017년 12월 13일 오후)

다시 백양로를 걸으며

봄 시샘 짓궂은 삼월
싸늘한 기운 담긴 봄 바람결
다사로운 햇빛 은근히 가로막고 흐르는 구름
어젯밤 함박눈까지 펑펑 내리더니
오늘은
시샘 가셔 소곤거리는 햇볕 소소沼沼하다

얼마만인가 삼월의 백양로길 걷는 것은
61학번 새내기로 맺은 인연이
이제 반백년 훌쩍 넘겨
반듯하게 새 단장한 이 길을 걷는 것은

그 옛 따사롭던 그 햇빛인 양
등 부드러이 감싸고
살며시 미소지은 봄 미풍 볼 간질이고
곧고 넓게 뻗은 백양로 따라
대강당 앞쯤 이르면
반갑게 맞아주는 백양목 수십 그루
흰 천 두른 청수한 긴 목
곁을 지나는 이들 반가이 맞고 있다

언더우드관 앞 정원 한 가운데 성스런 땅엔
호러스 그랜트 언더우드가 두 팔 벌리고 서서
젊은 새 지성과 새 지식 갈구하는
수많은 이들을 맞고 있다

내처 걸어 청송대聽松臺에 이르면
푸르고 포근한 솔숲이 솔향 함께
오래 문안드리지 못한 어머님처럼
반가이 맞아주는
봄 서기瑞氣 가득한 본향本鄕에 이른다

(2018년 3월 22일 아침)

연희동 10번길

한 주기週期의 갑년甲年은
우리의 생애에 그 의미가 짙다

연세 교정 서문西門을 나서면
좀고 꼬불꼬불한 동네 길이 나온다
이 길 연희동 10번길은
예전 모습 변한 게 없다
넓어진 것도 좁혀진 것도 없는 길
길 옆의 집들은
이제 4~5층 다세대 주택들이 들어서
60여 년 전 동네 모습과는 다를 뿐

다 쓰러져가는 코딱지 만한 집들이
빼곡하게 동네를 채웠던 옛 모습은
이제 아련한 추억으로만 남았을 뿐

언덕을 내려가다 중간 왼쪽에
고개 숙이고 들어가야 하는 작은 방
내 벗 이산以山과 운지芸池가 자취하는
허름한 방이 있었지

학교 앞 창천동에 방 한 칸 얻어
노모를 모시고 살던 나는
며칠이 멀다하고
오막사리 벗의 자취방에 가곤 했다

가정교사 아르바이트밖엔 일사리가 없었던
60년대 초 우린 각자 얻은 두세 번씩의
가정교사하던 집을 돌며 가르쳤다
밤이 이슥하여 돌아올 땐
파김치가 되어
약속도 없었으련만
막걸리 한 되 사들고 아지트에 모이곤 했지

피곤에 절은 심신이지만
술 한잔에 용기를 얻어
밤잠도 설치며 끝도 없이
서로 장광설長廣舌을 늘어놓았다

전공하는 새 학문 '도서관학'에서부터
니체와 쇼펜아우어로 갔다가
'사월은 잔인한 달'의 T.S.엘리엇으로 반전하고
'서풍에 부치는 노래'의 P.B.셸리로 넘어갔는가 하면
정지용의 순수시와
청록파로 넘어와
지훈과 목월을 논평했고
우리 정신과 맑은 영혼의 지표
윤동주의 '서시'와 '별 헤는 밤'을 외우며
부둥켜 안고 눈물을 흘렸다
그 비극의 죽음과 젊은 영혼과 미완의 삶에
눈물을 흘렸다

6.25 전쟁으로
온 나라가 잿더미가 된 폐허의 동토凍土에서
궁핍하기 짝이 없는 대학생활을
때론 한탄하고 때론 용기를 부추기고 다독이며...
우린 흰 밤을 지새웠다

내일 아침 첫 강의 시간이 아홉시인데
겨우 발목을 덮을까 말까한
생전 개어 놓거나 빤 일이 없는 이불에 의지하여
잠을 잤는지 코를 골았는지 누구도 모른 채
아침에 일어나
서둘러 이산을 깨우면
"5분만! 5분만 더!"
그러다가 번번이 첫 시간에 지각하여
머쓱한 채 뒷자리에 숨죽이며
엉덩이를 들이밀던 그 시절이
아, 이제 60여 성상이 훌쩍 지나
우린 나름의 생애를
온 힘을 다해 살아 여기까지 걸어왔네

연희동 10번길을 걷는 오늘
내 가슴엔 일파만파 회억回憶만 가득하네
그리운 벗이여
이제 내일모레 팔순 고개를 바라보며
폭풍노도暴風怒濤, Strum und Drang의
옛 기억을 미소로 반추反芻하며
주어지는 여년餘年들
구름처럼 바람처럼 푸른 하늘 유랑하며
잔잔하게 살아가세

(2018년 4월 22일, 연희동 10번길을 걸으며)

정관루靜樌樓의 밤

대나무 숲이 여기저기
대지를 감싸 안은 남도
담양의 한 자락
유서 깊은 노루골 마을
하늘이 내린 빼어난 마을은
조화로운 자연으로 수려하다

미암 유희춘 眉巖 柳希春 선비와
부인 송덕봉宋德俸 시인이
조선조에 일찍이 터 잡아
엄동설한嚴冬雪寒 막아줄 우람한 뒷산
툭 트인 남향 평야 건너
부드러운 앞산 평화로움 안고 있는
역사의 땅, 문향의 터에
후예後裔의 뜻 담아
미암박물관 세우고
귀한 선대의 전적典籍과 유물을 보존하고 있다

전통 사찰형 조선 건축의 본관 옆
한옥과 누각을 이어 지은
아담하고 아름다운 객사가
너른 잔디밭을 지닌 채 서 있는데
주변 산하와 어울리는 품위 지닌
정관루이다

애제자 노기춘盧基春 박사는
박물관장으로 원대한 뜻과 정성 들여
운영하는 모습 미쁜데
부족한 스승 초대하여
정관루에 유하게 하며
정성과 사랑으로 공궤供饋하니
감사가 넘칠 뿐

정관루 남 북향 창문 활짝 열고
저녁 잠자리에 드니
북창에선 서늘한 바람결로
온몸을 휩싸고
앞 창 들녘에서도 여름바람 한 자락
휘돌아 불어와
내 사지를 스쳐간다

이 삼복염천에
온 종일 덥혀진 대지에
남창 북창에서 불어오는 여름바람은
더운 기운은커녕
차운 샘물로 등멱하는 듯
상쾌하고도 부드러운 미풍 스쳐
온몸 어루만지니
천상의 선녀가
조용히 곁에서 살랑살랑 부쳐주는
합죽선合竹扇 바람결이다

살몃살몃 스치는
가녀린 바람결은
신선神仙의 매혹적인 손길인가
아니
다정한 연인의 비단결 어루만짐인가

수제자 부부의 정성 담긴
이 천혜의 노루골 객사에서 누리는
분에 넘친 호강

오늘 밤은
이 예스런 멋진 객사에서 잠들어
고운 꿈에 잠겨
행복을 만끽하리라

(2018년 8월 3일 담양 미암박물관 객사에서)

빛과 생명 예배 처소

100년 만에 유례 없는
혹독한 폭염의 올 여름
산골짜기 골짜기
가평 설곡에 왔다
차 한 대 비켜설 수 없는
좁디좁은 길
이렇게 깊은 계곡
굽이굽이 돌고 돌아
생명의 빛 예수마을에 닿았다

번연의 천로역정 길이
어디 쉬웠던가
생명의 빛 예배당을 찾아
떠난 여정인데…
전 세계 방방곡곡에서
예수 복음 전파하며
생애 바친 은퇴 선교사 위한
안식처 마련하는
예수마을에 왔다

사방
숲 우거진 산비탈에 신 건물 3층
경이롭게 빚어 놓은
생명의 빛 예배당
정교함과 아름다움의 극치
그것도 홍송紅松으로 지은
기도의 집은
한눈에
한 가슴에
수백 년 오염과 거리 먼
청정 산소인 양 다가온다

정방향 공간
3백 기도 처소
원형의 긴 의자로
포근히 둘렀고
네 방향 모두
홍송 향 짙은 목재로
기둥으로 서 있고
천장에 박혀 있다
어디를 둘러보아도
서양 건축 냄새 없는
마치 나무 조각 전시장인
건축이란 이름의 예술품
아 이건 경건의 황홀함
혼을 설레는 예술이다

긴 생애 바쳐
아들 위해 기도한
어머니 은혜 보답코저
그가 정성과 물질 들여 사 모은
귀하디귀한 러시아 산 홍송 560여 그루
기도하는 집에 헌납한 사랑
아름답고 갸륵하다

이 소나무 다듬고 조각하여
기둥으로 천장 재목으로
집을 지어
지상에서 가장 수려한 모습
기도의 집 세웠으니
이곳은
가없는 주님 사랑 전하는
생명의 빛 예배당
거룩하고 순결한 처소

믿음 옅은 내게도 숙연하여
하늘의 음성 듣기 위해
빛과 구원의 방주方舟에서
고개 숙여 간구한다
이 집에 다다르는 이마다
영혼의 고향으로
생명의 빛으로
주님과 만나
축복과 은혜 넘치기를...

(2018년 8월 11일, 생명의 빛 예수마을의 생명의 빛 예배당에서)

손자바보

오늘도 길을 나선다
버스로 채 한 시간이 걸리지 않는
외손자 서일이네로 가려고
다시 길을 나선다

돌 지난 외손자를 보지 못하면
그 애의 환하게 웃는 얼굴이
눈에 서려 아릿거린다

걔네 집 현관에 들어서면
저만치 거실 한 켠에 놀고 있던
그 녀석은 할애비와 눈이 마주치자마자
있는 힘을 다하여 기어온다
얼마나 빠른지 눈 깜짝할 사이에
함박웃음 가득한 얼굴로
할애비 가슴에 저돌적으로 안긴다
반갑노라 소리소리 지르면서...

둘이 꼭 안으면
따뜻한 심장이 하나 되어
행복으로 물든다

그래 나는 손자바보다
하루라도 그 앨 안아주지 못 하면

그 환한 순백의 웃음과
수정처럼 맑은 눈과
함박꽃으로 피어나는 얼굴과
만나지 못하면 하루를 산 것이 아니다
그래 나는
그 애 서일이에게 푹 빠진
손자바보다

그 앨 안고 토닥여 재우며
그 평화롭고 행복한 얼굴을 보면서
난 석양에 아름답게 비쳐 흐르는 한강에
손자와 할아버지의 애틋한 사랑을 실어
유유히 흘려보내고 있다

(2018년 10월 10일, 외손자를 안아 재우며)

별밭 눈밭

시베리아 횡단열차 안에서
새벽잠 깨어
차창에 붙어 앉아
별밭 하늘을 우러른다

깊고 고요한 한겨울 밤
어두운 하늘이
푸른 바닷물 들인 듯
별밭의 별들
투명하여 찬연하다

하늘엔 반짝이는 별밭
별 떨기 떨기

기찻길 옆 하얀 자작나무 숲에
하얗게 깔려 있는 눈
어두움 비집고
하얀 모습 드러낸
끝 모를
눈의 밭 눈밭

아 이 영롱한 새벽에 펼쳐진
별밭 눈밭에
한없는 그리움에 젖어
외로움에 감싸인 내 혼을
너울너울 날리운다

(2019년 2월 10일, 시베리아 횡단열차 안에서 잠 못 이룬 새벽)

별밭 눈밭

시베리아 횡단열차 안에서
새벽 잠 깨어
차창에 붙어 앉아
별밭 하늘을 우러른다

깊고 고요한 한겨울 밤
어두운 하늘이
푸른 바닷물 들인 듯
별밭의 별들
투명하여 찬연하다

하늘엔 반짝이는 별밭
별 떨기 떨기

기찻길 옆 하얀 자작나무 숲에
하얗게 깔려 있는 눈
어두움 비집고
하얀 모습 드러낸
끝 모를
눈의 밭 눈밭

아 이 영롱한 새벽에 펼쳐진
별밭 눈밭에
한 없는 그리움에 젖어
외로움에 감싸인 내 혼을
너울너울 날리운다

友江 詩
一粟 書

유리알 얼음 세상, 바이칼 호수

알혼섬 후지르 마을을 떠나
이 기다란 섬 한가운데 해변
말로예 모레를 향해
사륜구동 자동차에 몸을 싣고
유리알 얼음판인 호수 위를 달린다

거칠 것 없이 일직선으로
끝 없는 얼음판 지평선 향해
미끄러지듯 질주한다
우리의 마음도 함께
얼음판을 지친다

해변의 눈 내린 산야와
바위 절벽으로 얼어 붙은 얼음 기둥
티 없이 푸르른 창공과
저 멀리 호수 건너
긴 긴 산맥에 얹힌 흰 눈과
얼음 유리 위를 달리면서
너 나 없이 들뜬 영혼 되어
미끄러이 미끄러이 달리고
다만 달리고 있을 뿐이다

장대한 바위 절벽
붉은 이끼로 단장한
사간후순 삼형제 바위 곁에 내려
투명한 빙판 위를 걸으며
바위에 서린 전설을 듣는다
맑은 햇살 받으며
영하 수십도 추위는 아랑곳 않고
여린 감성의 순수로 물들어
얼음 호수를 걷는다

명징한 얼음판 빗금 간 틈새에
신성한 물을 만나면
광막한 사막에서 타들어 가던 목마름
오아시스 샘물 만난 양
오체투지 五體投地로 엎드려
신의 생수를 음복한다

갈급한 심령으로 얼음물을 마시며
이 깊고 깊은 호수에
깊이 깊이 잠겨도 좋으리라
환각에 빠져든다

우린 단지 물을 마시는 게 아니다
태초의 순결을 마시고 있다
고귀한 생명과 창조의 순수를 마시고 있다
유리알 얼음 세상
전설의 땅 시베리아
한겨울 바이칼 호수에서

(2019년 2월 13일, 바이칼 얼음 호수에서)

꽃비의 예시豫示

대학병원 뜰에 아담한 벚나무
활짝 핀 모습
봄의 아담한 전령사傳令使

푸른 봄바람 일렁이니
벚꽃잎 꽃비 되어 내린다
눈꽃 하얀 꽃비
흩날리며 대지에 이르니
순간 시공時空은 적막寂寞

수다로운 우리네 인생사란 것
또한
봄날 꽃비처럼 날리다
대지에 안겨
영겁의 침묵에 회귀하나니
이렇게
꽃비가 내리는 것은
우리 삶의 예시豫示

(2019년 4월 9일, 꽃비 내리는 대학병원 뜰에 앉아)

꽃비의 예시豫示

대학병원 뜰에 아담한 벚나무
활짝 핀 모습
봄의 아담한 전령사傳令使

푸른 봄바람 일렁이니
벚꽃잎 꽃비 되어 내린다
눈꽃 하얀 꽃비
흩날리며 대지에 이르니
순간 시공時空은 적막寂寞

수다로운 우리네 인생사란 것
또한
봄날 꽃비처럼 날리다
대지에 안겨
영겁의 침묵에 회귀하나니
이렇게
꽃비가 내리는 것은
우리 삶의 예시豫示

友江 詩
一 粟 書

책보冊褓 등허리에 매고

나이 예닐곱 어린 시절에
우리 집은 어머니가 몹시 아프셔서
시골 한의사 권면대로 우강 원재 동네에서
송악 바닷가로 이사 갔다.

읍내 북쪽 끝머리 바닷가엔
동남향으로 멀지 않은 곳에
자그마한 안섬이 둥둥 떠 있던 곳
우리 집은 야산 등지고 남향으로
뒷구지 마을에 서 있었다.

바닷가 집으로 이사한 지 한두 해 지나
송악초등학교에 들어갔다.
학교는 마을에서 10여리가 넘는
중흥리에 있어 결코 가깝지 않았다.
약속이나 한 듯 아침 등굣길엔
동구 앞 나무 아래 모여 일학년부터
5, 6학년 형 누나들이 예닐곱 명
모두 책과 필통을 책보에 싸
등허리에 가로 매고 걷다가 달리다가 하며
학교에 도착하면 땀이 흠뻑 젖곤 했다.

우리 마을 뒷구지를 출발한 우리들은
평평한 월곡리月谷里 달아실 황톳길을 걷고
몇 백 년 되어 고목이 된 은행나무 지나쳐 가면
어느새 제비골과 우리 동네 먼 바다가 보이는
산등성이에 다다른다.
언덕에서 한숨 돌려 땀을 손등으로 쓱쓱 씻고
제비골 지나 중흥리에 있는 학교까지
다시 달려가던 아릿하고 아름다운 기억들…

학교 선생님은 우리 학교가 당진군 내에서
두 번째로 역사가 깊은 1920년에 시작한
자랑스런 학교라고 말씀하셨다.
그러니 송악초등학교가 올해로 99년째이다.
그렇게 걷고 뛰어 다녔던 학교
형아들 누나들 친구들과 어울려
깎아 담은 연필 연필통 안에서 다 부러지도록
책보 매고 달려가던 아련한 추억.

그런 학교의 추억도 3학년 한 학기가 지날 때 끝이 났다.
민족 비극의 6.25 전쟁이 터졌기에.
전쟁의 참혹한 흉터는 우리 집에도 닥쳐왔다.
어느 야밤에 온 가족이 피난을 떠났다.
정처 없는 피난길에선 굶기를 밥 먹듯
하루 한 끼니쯤 먹는 식사라는 게
멀건 시레기국에 보리쌀 알 몇 개 둥둥 뜬 것
그나마 배불리 먹을 수 없으니
물배 채우는 것으로 명을 걸었던
피난살이는 언제나 배가 고프고
눈은 삼십 리쯤 퀭하니 들어간 채였다.
아버지가 인민군에 붙잡히면
반동 지주의 자식이라 죽음을 면치 못하니
낮엔 야산에 숨어 지내시고
며칠 만에 밤에만 잠깐 만날 뿐
그런 아버지와 온 식구가 이리저리
떠다니던 피난길은 끝이 보이지 않았다.
당진 송악에서 예산으로
예산에서 홍성으로
다시 예산을 거쳐 아산으로 온양으로
유랑을 거듭한 끝에 전쟁도 일단 멎었다.

피난길 어느 날 밤에
갑자기 쌕쌕이가 굉음을 내며 날아든다.
방 같지도 않은 허름한 헛간에서
잠 못 이루어 꿍깃거리던 여름 밤
인민군 주둔지 향해 전투기는 기수 낮추며
연속 발사하는 기관포탄은
황금색 포물선 그리며 대지에 내리꽂히고
대지에 내려꽂혀 불타는 광경은 무섭기보단
신기하고 황홀한 광경이었다.
그 모습 놓칠세라 고개 들고 일어날라 치면
어머니는 황급히 내 몸을 꼭 붙들고
후줄근한 이불로 덮으시곤
당신의 온 몸으로 감싸 안으셨다.
삼대 외독자 대 끊기면 안 된다 걱정하시면서...
아 그렇게 숨 막히게 안아 주시던
따사로운 어머니의 품이
이제 나이 팔순을 바라보는 즈음에 이르러도
잊지 못해 목메어 가슴 막혀오니
그립고도 그리워라.

책보 속 생철 필통에 든 연필심 다 부러져도
막무가내로 뛰고 또 뛰어 등교하던
어리디 어린 시절
배고픔과 죽음의 그림자와 함께 하던
경계를 넘어 기적처럼 연명延命하여
굴곡과 파란만장의 이 나라 현대사를
엎더지며 곱더지며 살아온 세월이여!

오늘은 동료 시인들과 함께 떠나온
애국 시인 심훈 선각자의 자취 살피고저
내 옛 모교 송악초등학교 근처의
필경사를 찾아온 문학기행에서
풀밭에 주저 않아
아무도 모르게 홀로
지난 어린 시절 회억回憶에 잠겨든다.

(2019년 4월 13일, 한국시인협회 봄 문학기행을 한 심훈의 필경사에서)

뽀뽀 인사

안방에서 엄마가
“할아버지께 인사하고 와”
외손자 내보낸다
지구별에 온 지 1년 6개월 짜리

거실의 할애비에게
뛰박질로 달려온다
아무 말도 없이
와 안기면서
내 볼에 입 맞추고
쪼르르 제 방으로 돌아간다

그리곤 금방 다시 달려와
그 부드럽고 어린 입술로 입 맞추고

그러길 세 번
외손자 서일이의 저녁 인사법

(2019년 5월 21일, 밤에)

뽀뽀 인사

안방에서 엄마가
"할아버지께 인사하고 와"
외손자 내 보낸다
지구별에 온 지 1년 6개월 짜리

거실의 할애비에게
뛰뚱박질로 달려온다
아무 말도 없이
와 안기면서
내 볼에 입맞추고
쪼르르 제 방으로 돌아간다

그리곤 금방 다시 달려와
그 부드럽고 어린 입술로 입맞추고

그러길 세번
외손자 서일이의 저녁 인사법

友江 詩
一粟 書

평설

여전한 행복과 감사의 전언
우강 시력(詩歷) 10년에 부쳐

타자를 향한 열망
우강 한상완의 시의 세계

여전한 행복과 감사의 전언

- 우강 시력(詩歷) 10년에 부쳐

유 종 호
(문학평론가, 예술원 회장)

1

흔히 시는 청춘의 장르라고 불려왔다. 가령 격한 사랑의 감정, 먼 것에 대한 낭만적 동경, 불확실한 미래에 대한 불안감 같은 청년기의 심적 동정(動靜)이 서정시의 주요 주제가 되어 왔기 때문일 것이다. 서구 낭만주의 시인들이 대체로 젊은 나이에 세상을 떴다는 사실과도 무관하지 않을 것이다. 시는 천재의 소산이고 천재는 요절하는 게 보통이라는 속설도 한몫 했을 것이다. 혹은 독자들이 선호하는 애송시 가운데 시인 청년기의 소작(所作)이 많다는 사실도 작용했을 것이다.

사실 우리의 20세기 시편을 돌아볼 때 많은 수작들이 청년기의 소작들이다. 가령 우리의 민족시인이란 존칭을 들어온 김소월만 하더라도 청춘 20에 씌어진 시가 대표작으로 남아있고 나이 들어갈수록 작품이 범상해진다는 느낌을 준 것도 사실이다. 그러나 가만히 생각해보면 이는 이 땅에서 평균 수명이 짧고 우리 시인들이 장수를 하지 못한 사실과 긴밀히 연관되어 있는 사안이라고 생각할 수 있다. 시인으로 사는 것이 어려운 환경 속에서 문학적 노력을 계속하는 것이 어려웠다는 난경과 관련된 일이라 할 수도 있다.

우리 사회가 절대빈곤을 극복하고 생활수준이 획기적으로 향상되면서 창작 행위에 필수적인 여가가 확실하게 불어났다. 또 영양상태 향상과 위생 및 의료 환경의 개선으로 국민 평균 수명도 괄목할만하게 늘어났다. 최근의 통계를 따르면 우리는 이제 세계 최장수 국가의 하나가 되었다. 이에 따라 후

반생을 충실하게 운영하며 지혜로운 삶을 영위하는 고령인구도 현격하게 불어난 것이 사실이다. 인생 칠십은 이제 드문 일이 아니고 회갑을 맞는 사람들은 노인 대접을 받지 못한다. 반세기 전만 하더라도 감히 꿈꾸지 못했던 백수(白壽) 후보자들이 우리 주변엔 얼마든지 있다. 놀라운 신세계(the brave new world)란 말이 있지만 우리는 분명 그 놀라운 신세계에 살고 있다. 문제는 그것을 축복으로 수용하지 못하고 부담으로 인식하는 불행한 젊은 세대들이 많다는 사실일 것이다.

고령사회로 접어들면서 인생 후반기를 어떻게 운영할 것인가 하는 문제가 새로운 사회 문제로 부상하게 되었다. 평생 교육을 통해서 자기완성을 극대화하고 삶의 향유 가능성을 높이자는 여유로운 포부에서 개인적 기술 개발을 통해 경제적 자립의 연장을 도모하자는 실사구시(實事求是)의 정신에 이르는 다양한 구상이 제기되고 검토되고 있다. 그러나 즐길거리를 만들어 여생을 유유자적하자는 소리가 가장 비근하면서 호응이 많은 구상의 하나가 아닌가 생각된다.

구체적으로 말하면 봉사활동을 통해 삶의 의미를 심화시키자는 이도 있고 돈독한 신앙생활을 통해 다가오는 종말에 의연히 대처하자는 이도 있다. 그러나 생활을 위해 접어두었던 젊은 날의 꿈을 되살려 낙으로 삼자는 이들도 의외로 많다.

우강 한상완 사백(詞伯)은 옛날 같으면 고령이라고 할 시기에 오랫동안 보류해 왔던 젊은 날의 꿈을 다시 복원해서 글쓰기에 정진하는 경우가 아닌가 생각된다. 그리고 이 경우 시가 청춘의 장르라는 생각은 아마도 적정치 않은 것으로 생각될 것이다. 서정시는 극도의 언어경제를 요하는만큼 짤막한 문학형식이다. A4용지 한두 장으로 승부가 결정되는 것이 보통이다. 따라서 가령 100장 분량의 단편소설과 비교해서 서정시는 근력이 딸리는 고령자도 물리적으로는 한결 편한 것이 아닌가 생각된다. 소설이 자질구레한 세목을 통해서 실현되는 것과 달리 서정시는 강렬하면서 상대적으로 단순한 소재 처리가 가능하다. 그런 면에서는 시야말로 고령자에게 어울리는 노년의 장르라는 가설도 가능하리라 생각한다. 실제 고령화 사회로 접어든 우리 주변에서는 고령이면서 왕성한 시작을 보여주는 사례를 많이 목격하게 된다.

이것은 극히 환영할만한 현상이다. 논어에도 "소인이 한거(閑居)하면 위불선(爲不善)"이라고 적혀있다. 느티나무 밑에 모여 앉아 담배를 피우며 잡담하는 엣 마을의 정경은 그것대로 운치 있는 것이지만 그 시간에 창작에 몰두하는 것은 한결 소중한 삶의 특권적 순간이 되리라고 상상하는 것은 즐거운 일이다. 그것은 지혜로운 시간 운영에 어울리는 유용한 방법임에 틀림이 없다.

2

지난번의 제3시집에 대해서 필자는 행복과 감사의 시법(詩法)이라고 말한 바 있다. 경험이 얕은 젊은 시절에 사람들은 흔히 자기 삶에 대한 불만을 갖고 자기연민에 빠지는 경우가 흔하다. 자기의 역경을 자기만의 불운이라 여기고 세상과 운명에 대해 원망을 갖게 되기가 쉽다. 따라서 살아있음에 대한 감사의 마음은 아직 생소한 경험이 되기가 쉽다.

그러나 젊음의 질풍노도기를 거치고 삶의 신산을 겪고 나면 삶의 모든 것이 사실은 지상의 축복이요 삶의 순간순간이 경이로운 선물임을 느끼게 된다. 지상적인 삶의 끝자락이 가까워질수록 이러한 느낌은 두터워지고 깊어질 것이다. 때로 삶을 고해(苦海)라 느끼면서도 막상 세상과의 하직을 생각하게 되면 하늘과 바람과 별과 때 묻은 일상의 하루하루가 얼마나 소중하고 고마운 것인가를 느끼게 될 것이다. 이번 시집『환생(還生)』에서도 우리가 마주치는 것은 여전한 행복과 감사의 전언이다. "다음 생에서 학(鶴)으로의 환생"을 희구하는 표제 시는 이렇게 노래한다.

날다 날다 곤하면
강가 잔디밭에 쉬어 가고
버드나무 가지에도
가지런히 앉아
버들처럼 바람처럼
부드럽게 출렁이며
그윽이 마주 보자

십장생(十長生)의 욕심일랑
저만치 비켜 두고
푸르고 아름답게
금수강산 더불어
고아하게 살아가자
우리 다음 생엔

행복하지 못했다고 생각하는 사람들은 다음 생을 염원하지 않는다. 삶을 고해로 파악하는 관점에서는 다음 생 또한 고해의 재판이요 연장이라고 생각하기 쉽다. 그런 관점에서는 따라서 윤회의 단절을 뜻하는 열반을 희구하게 마련이다. 두루미로 환생하기를 바라는 것은 생 자체를 긍정하는 것이다. 비록 인도(人道)환생과 거리가 먼 것이지만 생 자체는 부정하는 것이 아니다. 두루미로의 환생은 의식 차원에서는 아니라 할지라도 무의식 차원에서는 십장생을 염원하는 것이다. 우회적 부정을 통해서 사실은 지상에서의 삶을 긍정하고 희구하는 것이라 할 수 있다. 이것은 우회적인 현세 긍정이고 이승 삶의 행복이 그 기초를 이루고 있다. 시의 화자는 지금보다 여유 있고 우아한 삶을 간곡히 염원하는 것이다.

시인의 행복 향유와 삶의 긍정은 우선 자연의 완상(玩賞)에서 온다. 사계의 변화나 변화하는 계절의 이런저런 구체가 행복 체험의 계기가 된다. 그것은 드물고 생소한 것이 아니라 누구에게나 열려 있고 누구에게나 접근 가능한 보편적인 것이다.

겨울 여운 채 가시지 않은
2월 하순
울진 명소 매화마을엔
홍매 백매가
그윽한 향내 날리며 피어
요조한 미소 머금고
조용히 인사 건넨다

누구에게나 열려있는 계절의 변화나 자연의 시혜에 대한 주목과 관심이 모여서 세계 긍정과 지상적 삶의 긍정이 빚어진다. 그것을 노래하는 것은 독자에 대한 또는 자기 자신에 대한 설득이기도 하다. 사람들은 지기 경험의 절실성을 말함으로써 타자의 공명과 동조를 얻으려고 한다. 모든 문학적 혹은 예술적 표현은 그 자체로 내적 욕망의 충족이지만 동시에 동조와 호응에의 호소이기도 하다. 시인이 부드럽고 낮은 목소리로 호소하는 것은 세계 긍정에의 공감이요 동참이다.

세상에서 중요한 것은 삶의 환경이 되는 자연이나 산천초목과 함께 사람과의 만남이다. 태어나면서부터 사람은 우연에 의해서 매개되는 타자와의 만남을 연이어 경험한다. 가족과 같은 1차집단에서부터 소꿉친구를 거쳐 학교에서의 교실친구에 이르는 많은 타자를 만난다. 타자는 지옥인 경우도 없지 않지만 지상적인 삶의 순간순간을 낙으로 만들어주는 요인이 되어준다. 누구에게나 첫 우정이나 첫사랑의 경험은 잊을 수 없는 기억이 되지만 삶의 역정(歷程)에서 무수한 상봉은 아름다운 인연으로서 기억이란 창고에서 보물구실을 하는 게 사실이다. 그 보물이 많으면 많을수록 그 인생 경영은 성공적인 것이라고 말할 수도 있을 것이다. 이 시집에서도 아름다운 인연은 주요한 소재를 이루면서 간곡한 그리움의 대상이 된다.

무더위 해는 지고
앞뒷산 어우르는
한여름 밤
아련한 바람이
불볕 더위에 찌든
얼굴에 스친다.

야외무대에 기대 앉자니
문득
미술관 현관에서
석남(石南) 이경성 선생이 걸어나오는
환시(幻視)에 빠졌다.

「늦어버린 예방」에서

가게를 낼 터를 잡기에
고심 거듭하던 청년은
함경도 북천에서 내려와 병원을 경영하던
박충모 원장께 수차례 간청하여
한 평짜리 공간을 얻는다.
사연 많은 한 평 가게에서
자수성가한 성실한 집념의 청년
그가
오늘의 청파 한승룡 이사장이다.

「청파에 돛을 달고」에서

미술평론가 이경성을 추모하고 있는 시편이나 강원도 원주 소재 청파장학회 설립자 한승룡을 다루고 있는 시편에서 우리는 구차했던 시대의 한 단면을 본다. 황량한 세태 속에서 회화(繪畵)의 세계를 탐구했던 이경성은 시인의 스승이었고 혈혈단신으로 부산으로 피란 나와 고향과 가까운 원주에 정착한 청년 한승룡은 시인의 모교 선배로서 장학회를 만든 어른이다. 각각의 시편은 영감의 원천이 된 인물의 짤막한 평전(評傳)이 되면서 이제는 옛날이 된 한 시대를 떠올리게 한다. 그것은 우리의 풍요한 오늘과 선명한 대조를 이루면서 곤궁했던 우리의 근접 과거를 환기시킨다.

시대의 아픔을 디디고 자기성취를 이룬 선인들의 추모는 단순히 사사로운 추상(追想)임을 넘어서 어려웠던 시절에 대한 헌사(獻詞)가 된다. 독자들은 시편을 읽고 나서 자신들의 아름다운 인연을 떠올리며 삶과 사회의 연속성에서 역사의 의미를 반추하게 될 것이다. 자유당 시절 여당 일색이던 강원도에서 야당으로 당선됐던 원주의 박충모와 춘천의 계관순이 떠오르며 이들이 모두 이북 출신임을 알게 된 것도 필자로서는 하나의 소득이었다. 아래에 보이는 박경리 선생에 대한 추모에서 아름다운 인연에의 헌사는 그 절정을 이룬다.

오늘은 선생님의 시 "삶"을
타원형 오석(烏石)에 새겨
선생님 아담한 동상 곁
양지 바른 곳에 기렸는데

'달 지고 해 뜨고
비 오고 바람 불고
우리 모두가 함께 사는 곳
허허롭지만 따뜻하구나
슬픔도 기쁨도 왜 이리 찬란한가"란
시구를 가만히 서서 듣는다.

「선생님 여윈 10년 세월에」에서

3

이전의 시집에서도 그랬듯이 여행 또한 여전히 시인의 낙이 되어있다. 삶 자체가 나그네길이라고 하지만 때 묻고 진부한 일상을 벗어나 버거운 의무와 소외된 노동에서 자유로운 해방의 공간으로 나가보는 여행은 누구나의 가슴을 설레게 한다. 기다리고 있는 것이 필경 일상의 소소한 변주에 지나지 않는다 하더라도 출발은 상쾌하고 신선하며 충일감을 주게 마련이다. 교통 편의가 이루 말할 수 없이 쾌적해진 글로벌 시대에 여행은 곧 행복으로의 출발이 된다. 이 시집에는 시베리아를 비롯해서 야스나야 폴랴나에 이르는 광활한 공간이 표박(漂泊)의 음역(音域)으로 되어 있다. 시인은 일상에서 행복하지만 특히 여행길에서 행복은 정상의 하나에 이른다. 그런 맥락에서 시집의 최상 시편의 하나가 출발과 여행의 시라는 것은 결코 우연이 아닐 것이다.

시베리아 횡단 열차를 타고
가도 가도 설원(雪原)
너르고도 너른 눈밭에
흰 눈 닮은
자작나무 숲이여 숲이여
끝이 없는
하얀 세상 하얀 세상

푸른 하늘
너무 짙푸러
비감(悲感)이 감겨있는
저 푸른 하늘

어쩌면 좋은가
어쩌면 좋은가
시베리아
비아젬스까야의
설원이여
광활한 대지(大地)여!

「설원」 전문

아인슈타인은 죽음이란 자기에게 있어 모차르트 음악을 못 듣게 됨을 의미한다고 말한 바 있다. 음악 없는 삶은 하나의 오류라고 갈파한 것은 프리드리히 니체였다. 시인이 얼마만큼 음악을 사랑하는지 가늠할 수 없지만 그의 행복 속에 음악과 회화가 들어있다는 것은 분명해 보인다. 악보 읽기 능력이 어설픈 필자로서는 작품의 가곡화 실상을 가늠할 길이 없다. 그러나 분명 즐겁고 상쾌하고 어렵지 않은 행복의 선율일 것임을 믿으면서 언제가 실지로 들어볼 기회를 기다려 보기로 하고 있다.

행복은 민담 속의 고래 등 같은 기와집이나 랭보의 성chateau처럼 우람하고 준수한 건물, 그 안으로 들어가면 온통 마음이 뿌듯해지고 편안해지는 거창한 것이 아니다. 그것은 우리네 한식의 반찬 같이 다양하고 소소한 것들로 이루어져 있으리라. 우리에겐 근대의 어휘인 행복은 산수유꽃 피기를 기다리며 하루 한 잔의 커피를 마시는 것 같은 세목으로 이루어져 있다는 것이 나의 생각이다. 그 세목은 소품이다. 시집을 읽으며 다시 그런 생각을 곱씹어 보았다. 시인의 지속적인 행복과 건승과 건필을 빌면서 각필한다.

타자를 향한 열망
- 우강 한상완의 시의 세계

박 순 영
(연세대 명예교수, 문학평론가)

1. 우강 한상완을 말하다

우강 한상완 교수와 나는 오랜 친구 사이이다. 그런데 그가 시적 재능을 갖추고 있는 인물이라는 걸 알게 된 것은 겨우 몇 년 전 일이다. 그의 세 번째 시집 『불꽃』을 내게 보내왔을 때였다. 나는 그의 시집을 읽으면서, 불현듯 오래 지나간 우리 사회의 어두웠던 시절에 대한 기억들을 떠올리게 되었다. 80년대 중반에 시작하여, 90년대 초반부터 본격적으로 대학가에 전대협의 폭력적인 저항이 휩쓸고 있을 무렵, 나는 우강과 함께 연세대 문과대학에서 학생들을 가르치고 있었다. 1996년부터 우강은 연세대 학생처장 직을 맡고 있었다.

그 무렵은 학생운동이 절정에 달해 있을 때였다. 1987년 8월에 전국 대학생들이 「전대협(전국 대학생 대표자협의회)」을 결성했다가, 1993년 4월부터 이 전대협은 전국 9개 지역 200여개 대학 총학생회가 어울려 「한총련」이라는 더 큰 규모의 전국적 학생운동기구를 발족시켰다. 이들의 대정부 투쟁이 1996년 연세대 교육관과 이공대학 등을 점거하는 사태로 비화했다. 강의실뿐만 아니라 문과대학의 교수 연구실까지 점령하여, 대학과 교수들에게 파괴, 파손, 도난, 유실의 피해를 입혔다. 내 연구실이나 우강의 연구실도 마찬가지였다. 그 긴박한 상황에서도 우강은 그 사건에 아주 지혜롭게 대처했다. 사건이 마무리되고서, 대학 내외로부터 우강의 결단력과 대처 능력에 대해서 여러 사람들로부터 칭찬을 받았다.

우강은 문과대학의 부학장으로 있다가 학생처장으로 발탁되었지만, 그 한총련 사건 이후로 연구처장, 교육대학원장, 연세대 원주캠퍼스 부총장에 이르는 교내의 행정직을 두루 거쳤다. 나는 그가 그토록 어려웠던 시기와 힘든 행정직의 딱딱함을 어떻게 감당해내었으며, 도대체 어떤 힘이 그것을 가능하게 했을까를 생각해 보았다. 그는 자신이 관여했던 사태의 본질을 시적 직관으로 예리하게 꿰뚫어 보았고, 시적 마음의 순수함과 따뜻함으로 모든 사람을 대하였다. 그는 어떻게 사는 것이 자신의 삶에 주어진 무게를 의식하면서 살아야 하는가를 알고 있었다.

그 절망의 시간에, 우강은 무엇을 희망의 끈으로 삼고 버티어냈으며, 자신의 삶에 주어진 사명에 책임을 다하고, 불꽃처럼 살아 내었을까 하는 의문을 나는 그의 시집 『불꽃』에서 찾아낸 것 같았다.

(전략)
어두움 싸안은
광대한 바다
거대한 폭풍우에
대지가 화산으로
융기하는 파도

홀로 왜소한
내 가련한 영혼
휩쓸어 가는 굉음으로 관통되어
텅 비인 허수아비

(중략)
어느 사이
비바람 거친 파도
서서히 잦아들고 숨 고르며
하현도 빛 한줄기 비춘다

하얀 의식으로
젖은 모래밭에 주저앉았는데
섬광처럼 뇌리를 스쳐오는 소리

'가련한 자여, 비련 또한 쓰디쓴 삶이거늘 ...'
들려오는 미세한 음성

「작은 위로」 부분, 『불꽃』에서

우강은 어두움, 바다, 폭풍우, 화산, 파도에 마주하여, 홀로, 왜소한, 가련한, 텅 비인 허수아비에 자신의 순수한 영혼을 대립시켰다. 그는 이제 마주할 수 없는 대상과 마주해 있다. 그게 가련한 인간의 모습이고, 그게 바로 쓰디쓴 삶에 속해 있는 것임을 깨우치게 되었다고 고백한다. 그래서 그는 거기로부터 도피하는 것이 아니라, 그것을 품에 안고 견디어내었다.

일상적 소통 언어가 현존하는 사물의 표상에서 시작(始作)하는 것이라면, 시어는 영혼의 실재로부터 들리는 것에서 시작(詩作)한다. 그래서 시어를 만나는 길은 영혼의 창을 여는 것부터 시작된다. 우강은 영혼의 창 너머에서 들리는 미세한 음성에 귀 기울이고 있었기 때문에, 그토록 폭거하듯 다가오는 저항에도, 메마른 행정 업무의 경직성까지도 견디어낼 수 있었던 것이 아닐까. 이렇게 나는 우강의 세 번째 시집 『불꽃』을 감상하고 있었다. 특히 그 시집의 제 4부 「자유, 평화, 삶의 본향」에서 더 깊이 영혼의 울림이 내 귀에 들리고 있었다.

나는 『불꽃』을 읽고서 언젠가 우강의 시에 대한 감상문을 써보리라 하고 혼자 다짐했다. 그런데 우강이 네 번째 시집을 준비하고 있다는 소식을 듣고서, 내 감상문에 대한 청탁서를 내밀었다. 이렇게 해서 내가 이 글을 시작하게 된 것이다. 원래 나는 시를 써 본 일이 없다. 그렇지만 시를 감상하는 일에는 즐거움을 갖고 있었다. 다수의 철학자들이 시인의 시적 영감을 길잡이로 삼아 자신의 철학적 사색을 이끌어간 경우가 허다하다. 나는 아직 그런 경지에까지 이르지 못했지만, 우강의 시에 한마디 내 마음을 걸어보고 싶은 생각이 간절했다.

2. 사물과 사건들 속으로 시를 보내다

우강은 서정 시인이다. 자신의 마음속, 깊은 곳에서 우러나오는 영과 혼의 속삭임을 자신이 부닥치고 있는 모든 생활 체험을 반사시켜서 토해내고 있다. 그는 시의 형식에 구애받지 않는다. 그리고 어떤 시적 대상도 가리지 않고, 자신의 체험 안으로 끌어들여서 형상화시키고 있다.

우강은 2009년 10월호 시 전문지 『심상(心象)』에 신인상으로 시인에 등단했다. 이 전문지는 박목월 선생이 창간한 후 그 아들 서울대 박동규 교수가 45년간이나 발간해 오는 시 전문지다. 목월 선생은 소월 선생과 함께 우리나라 서정시의 대가로 알려져 있다. 그러니 우강은 정통 서정시 계통을 밟아가고 있다. 등단 시 「저무는 가을 숲에서」외 4편의 시들은 우강의 첫 번째 시집 『편지』(2010년 4월)에 실려 있다.

우강의 서정적 열정은 사람들 사이, 사람과 자연, 사람과 모든 만물과의 관계를 모두 인격적인 관계로 돌려놓는 독특한 발상을 갖고 있다. 그래서 그는 사물과 사건의 성격에 차이를 두지 않고 그와 만나고, 그와 대화한다. 그에겐 모든 것이 마틴 부버의 대화론에서처럼, '나와 그것(I-It)의 관계'를 넘어서, '나와 너(I-Thou)의 관계'로 변환시켜버린다. 또한 모든 사건들을 에리히 프롬의 대립구도에서처럼 '소유'에서가 아니라 '존재'에로 다가가기를 원했다. 그리고 거기에 이야기를 새겨 넣는다.

아리따운 세 선녀
피아니스트 이효주
바이올리니스트 박지윤
첼리스트 이정란은
방금
그들의 비취나라 제이드에서
사뿐히 내려와
젊고 슬펐던 프란츠의
첫 번째 피아노 트리오를 연주한다

(중략)
영롱한 피아노의 터치도
천상의 멜로디를 연주하는 바이올린도
그윽한 저음으로 완벽한 화음 이루는 첼로도
한 음성으로 노래해
오늘 프란츠도
예서 세 선녀와 함께 인 듯
봄 숲의 정령과
음악의 혼이 넘실거린다.

「제이드의 나라 세 선녀」 부분

음악회에 나오면, 누구나 작곡가의 음악에만 몰두한다. 그리고 연주자들의 열정적인 연주에 몰입한다. 그러나 그것으로는 음악회의 내적 형상을 모두 담아낸 것이 아니다. 우강은 거기에 이야기를 섞는다. '제이드(Jade)의 나라'는 일본 만화작가 이치카와 하루코(市川春子)의 창작의 나라이다. 먼 미래의 지구는 일곱 차례의 유성의 충돌로 인해 지상의 생물들은 바다로 들어가 작은 미소생물에게 먹혀 무기물이 되어버린다. 그것이 쌓여 보석의 몸을 가진 인간형의 새로운 생물이 태어난다. 우강은 이들을 제이드 나라의 선녀들로 비유했다. 누가 이런 발상을 가지고 음악을 감상할 수 있을까?

이런 방식으로 우강은 장맛비가 그친 하늘을 금빛 어린 미소로 맞이한다. "저 금빛 미소/수수만년/전설어린 아미蛾眉는/ 하늘이 내려준/ 연인 선녀의 초상肖像// (-「금빛미소」 부분)". 그리고 쪽빛 제주의 하늘을 보면서(참조 「9월 제주 하늘」), 순결한 하늘과 바다의 향연으로, 하늘과 대지의 정결한 만남으로 받아들인다. 또 재래시장의 활기찬 모습이나 다양한 먹 거리들의 진열을 우강은 온갖 냄새, 온갖 맛내, 다양한 향기로 품격을 높인다.

동네 앞 골목길
재래시장 지나 버스 타러
오면 가면
지나노라면
온갖 냄새
온갖 맛내
향기 피워낸다.

(중략)
동네 앞 재래시장엔
먹고 살아가는 도시 서민의
온갖 향내와 냄새가
이리저리 배어 섞여가며

오늘과 내일 살아가는 냄새와
맛과 살폿한 향도 빚어내고 있다

「재래시장」 부분

우강은 미세먼지에게도 말을 걸었다. 미세먼지를 탓하기 전에 먼저 용서를 구한다. "아 그러나/미세먼지여 미안하다/인간의 이기심으로 독버섯처럼/만연케 해 놓은 것을//네게만 분통과 저주로 뒤집어씌우는/눈멀어 미련한 인간들을/부디 용서하기를... // (「미세먼지에게」 부분)." 시적 사유는 반전에 능하다. 시선을 전혀 다른 곳으로 돌린다. 이것을 나는 시적 반어법이라 부르고 싶다.

우강은 행사에 참여하는 긴 여행을 하면서 풍경과 산천에 대한 시인의 마음을 남기기를 즐긴다. 이방인을 낯설게 하는 블라디보스톡의 차디찬 추위 속에서 한밤을 새우고(「한겨울 금각교」 부분), 시베리아 횡단열차를 타고(「설원」 부분), 횡단열차 안에서 새벽잠에서 깨어서 "아 이 영롱한 새벽에 펼쳐진/별밭 눈밭에/한 없는 그리움에 젖어/외로움에 감싸인 내 혼을/너울 너울 날리운다 (「별밭 눈밭」 부분) 결국 도착한 곳은 동양정신의 시원의 터, 바이칼호

수이다. 여기서 우강은 한반도 배달의 민족혼을 만난다.(「바이칼호 알혼섬에서」 부분) 그리고 또다시 다른 눈으로 바이칼 호수를 바라본다. 태초의 순결을 담고 있는 창조의 순수를 마신다.(「유리알 얼음세상, 바이칼 호수」 부분) 시베리아 횡단을 경험해 보지 못한 사람에게는 횡단 중에서 얻을 수 있는 풍경이 단순한 기호일 뿐이다. 그런데 우강은 단순한 사물이거나 사건일 뿐인 이 대상에 말을 건넨다. 그리고 의미 있는 이야기를 엮어주고 있다.

「헤이그 도로변의 수선화」에서도 그렇다. 헤이그 국제회의에 참석한 우강은 헤이그 만국평화회의에 참석했던 이준 열사를 떠올렸을는지 모른다. 연못가에 피어있어야 할 수선화가 도로가에 피어있는 것을 너무나도 기이하게 생각한다. "도로 옆으로 가보니/노란 꽃송이가 보인다/아 작은 수선화다//국제학회 참석차/처음 방문한 이방인에게/도로가의 수선화라니 낯설다// 정갈한 주택 정원에나/정기 수려한 산기슭에나/푸르른 해변가 쯤에 피어나야 하거늘/도시 거리의 한켠에 피어/그윽한 향내를 내고 있다니//"(「헤이그 도로변의 수선화」 부분) 네델란드는 튤립의 나라이다. 그런데 왜 우강은 길가의 수선화에 집중하게 되었을까? 수선화는 꽃말이 자기애(나르시시즘)를 지시한다. 그런데 이준 열사의 애국에 대한 열정이 나르시시즘의 수선화로 대치된다. 우강은 분명 여기에 마음을 두고 있었던 것 같다.

그는 헤이그의 그 임과 수선화를 같은 의미에 두고 있다. 그래서 마지막 연이 다음과 같이 종결될 수밖에 없다.

(전략)
수선화 피어나는 계절이 오면
그 헤이그의 이른 봄
길가의 향 그윽했던
노오란 수선의 모양이
고운 임의 얼굴인 듯
마음 가득 담겨 온다

「헤이그 도로변의 수선화」 부분

3. 사람들 속에 시를 심는다

네 번째 우강의 시집 『환생』에는 많은 사람의 이름이 시의 주제로 떠오른다. 작가 박경리 선생을 비롯하여, 미술평론가 이경성 선생, 만화가 이현세, 사업가 청파 선생, 사진작가 안승일 뿐만 아니라, 러시아 작가 톨스토이와 시인 푸시킨을 떠올린다. 우강에겐 타자에 대한 감각이 탁월하다. 그래서 연민(Compassion), 공감(Sympathy), 감정이입(Empathy)을 시적 감성의 기본 감각으로 삼고 있는 것 같다. 그는 스쳐지나가는 사람도 자신의 마음속에 품는다. 그것을 시상으로 떠올린다. 음악회, 미술전, 사진전, 재래시장에서 그랬던 것처럼 심지어 그는 피겨 스케이팅의 김연아 선수도 그의 시적 감동의 대상이 된다.

우강은 어느 봄날에 인사동 아라아트센터의 사진작가 안승일의 백두산 사진전을 찾았다. 3,4층 높이의 한 면에 백두산 전경의 사진 앞에서 우강은 압도되었다. 숨이 막히고, 눈은 경이에 떨리고 가슴은 감동으로 얼어붙었다고 표현한다. 이 사진 작품을 완성하기 위해서 그가 어떤 수고와 고통과 모험을 감내했을까를 공감하면서 시적인 마음으로 <제멋>을 밝혀낸다.

(전략)
봄, 여름, 가을은
천막을 치고
밤낮 가리지 않고 작업
인간의 접근이 불가능한 신의 영역
빙점하 50도가 넘는 삭풍 겨울은
얼음구덩이 파고
에스키모인으로 환생하여

푸르스름 새벽 미명엔
어둔 배경으로 찍고
한낮엔

해와 구름 바람과 함께,
황혼녘과 한밤에
석양빛 달빛 별빛으로
시공 넘나들며
서터를 눌렀다.

(중략)
제멋에 홀린 작가는
백두산을 찍는 작업이
생명과 바꿀 각오로
하늘이 내린 소명으로
운명으로 전율하는
혼신을 바친 투신이었다고
고백했다.

(중략)
제멋에
그 고귀한 생명을 바치는 치열함으로
백두의 신성神聖을
백두의 장대함을
백두의 절대순수를
백두의 극치의 미를
배달겨레에게 헌정한
살신성인殺身成仁의 증인이다.
그는

「제멋」 부분

사진전에 전시된 사진들 하나하나에 이름을 붙이고, 하나하나에 사연을 해명하는 연민과 공감의 시적 감성은 우강의 특별한 능력이라고 생각된다. 「제멋」에서만이 아니다. 과천 국립현대미술관에 전시회에 초대받아 갔는데, 거기서 우강이 홍대 도서관에서 함께 모셨던 석남石南 이경성 선생을 대면하는 환시幻視에 빠졌다. 그 분이 거기 현대미술관장으로 여러 해 섬기셨던 분이셨다. 이미 돌아가셨는데, 이제 너무 늦은 방문이어서 괴로운 마음을 읊은 시 「늦어버린 예방」이나, 북한을 탈출하여 혈혈단신 피난민으로 살았지만, 여러 독지가의 도움으로 자수성가하여 이웃에 다시 도움을 주기도 하고 장학금으로 젊은 인재들을 길러내고 있는 청파 한승룡 선생을 기리는 장시長詩 「淸波에 돛 달고」도 있다. 이런 시들은 모두 가슴을 저미는 연민과 공감의 시적 사연들로 채워져 있다.

가장 돋보이는 시들은 작가 박경리 선생에 대한 회상이다. 박경리 선생님이 돌아가시고 십년이 되는 2018년 5월에 통영 미륵산 기슭, 박경리 선생의 유택에서 지은 시가 있다. 그 마지막 연이 우리의 마음을 서글프게 하면서 또 다독이기도 한다.

(전략)
10년째
님을 뵈러온
나그네의 심사는
오늘 따라 왜 이렇게 설레이는가
고요히 절하는 마음도
세월의 무상함에
절로 서늘하고 엄숙하다

시간의 한 자락에 안겨 버둥대다
언젠가 이 대자연으로 회귀하는
인생의 화폭 한 면이
가슴을 스치고 지나가고 있음인가

아
언젠간
선생님이 계신 새 집의
새 세상에 가서
반가이 맞을 날
기쁨으로 손 마주 잡을 날
긴긴 회포懷抱 풀 날
그런 날이 오려니...

「선생님 여읜 10년 세월에」 부분

우강은 연세대 원주 캠퍼스 부총장으로 있을 때부터 박경리 선생을 극진히 모셨다. 토지문화재단의 이사이기도 하고, 박경리 문학상이 제정되는 일에 우강의 수고가 참으로 컸다. 박경리 문학상은 2011년부터 매년 세계문학 발전에 탁월한 업적을 세운 국내외 작가 중 1명을 선정해 시상하고 있다. 작가 최인훈씨가 제 1회 박경리 문학상을 수상한 이후로는 수상자 모두가 외국인에게로 돌아갔다. 금년 제 9회 박경리 문학상은 알바니아 소설가 이스마일 카다레가 수상하게 되었다. 다음 달 10월 26일 강원도 원주의 토지문화관에서 시상식이 열린다. 그리고 2018년 6월 20일에 러시아 상트페테르부르크 국립대학교 정원에 박경리 선생의 동상이 세워졌다. 금년 6월에는 박경리 동상 제막 1주년을 기념하여 한러대화(Korea Russia Dialogue)가 주관하는 제 1회 박경리 문학제가 상트페테르부르크 조각공원에서 개최되었다. 우강이 이 모든 일에 관여하고 또 직접 참석하고 있다. 그는 먼저 사람을 만나면, 그를 세우기를 원하고, 만약 세웠으면 끝까지 돌보기를 원하는 분이기 때문이다.

4. 시 속에 유래와 미래가 머물러 있다

우강(友江)은 삽교호에 가까운 충남 당진군 우강면(牛江面)에서 태어났다. 그 이웃에 우리나라 초대 신부였던 김대건 신부가 출생한 솔뫼성지가 있다. 프란체스코 교황이 여기를 방문함으로써 세계의 주목을 받기도 했다. 우강은 『환생』에서 처음으로 자신의 유래를 밝혀주고 있다. 우강이 태어난 곳의 우강면 원치리의 모습을 보여주는 「원재마을」, 초등학교 시절의 고달팠던 이야기가 담긴 「책보冊褓 등허리에 매고」, 대학 시절에 어떤 고뇌와 희망으로 살았던가를 밝혀주는 「연희동 10번길」, 이제 모교에서 퇴임하고 나서 다시 백양로에 들어서는 마음을 담은 「다시 백양로를 걸으며」가 있다.

우강의 위의 시들을 감상하면서 그의 사회적 삶은 결국 자신의 어린 시절과 젊은 시절에서 이미 각인된 것이란 생각을 하게 되었다. "유래는 언제나 미래로 남는다."(Herkunft aber bleibt stets Zukunft)란 말이 있다. 유래 또는 내력은 언제나 미래로 뻗어간다는 말이다. 독일 철학자 하이데거가 자신의 초기 철학 교수 시절 <언어에 대한 담화>(Gespräche über die Sprache)에서 했던 말이다. 이 말이 흔히 "과거는 미래다."라는 말로 단순하게 변조되기도 한다. 이 말은 하이데거가 자신이 어릴 때의 가톨릭 신앙에서나 대학에서 신학을 공부했던 것이 나중에 자기의 철학적 사색에 영향을 주고 있다는 뜻으로 사용했던 말이다.

우강은 자신과 다른 이웃과 함께 사는 것을 귀하게 여기고 자랐다. 아마 그는 자신이 마주하는 이들 모두가 나와 불가분하게 연결된 타자라고 여겼던 것 같다. 실제로 우강을 만나면 누구나 느끼는 것이 있다. 그것이 바로 그의 인간적인 따뜻함이다. 우강은 타자를 향해, 그들의 인격 깊숙한 곳에서 만나기를 열망하면서 살아 왔다. 그들을 사랑하고, 그들을 도와주고, 돌봐주고, 그들에게 편안함을 주고, 그들을 칭찬하고, 그들을 이해하고, 격려하는 일에 익숙해 있다. 그래서 그의 시적 발상도 따뜻하다.

(전략)
바닷가 집으로 이사한 지 한두 해 지나
송악초등학교에 들어갔다.
학교는 마을에서 10여리가 넘는
중흥리에 있어 결코 가깝지 않았다.
약속이나 한 듯 아침 등굣길엔
동구 앞 나무 아래 모여 일학년부터
5,6학년 형 누나들이 예닐곱명
모두 책과 필통을 책보에 싸
등허리에 가로 매고 걷다가 달리다가 하며
학교에 도착하면 땀이 흠뻑 젖곤 했다.

「책보冊褓 등어리에 매고」 부분

우강은 초등학교 시절부터 위아래로 차이가 나는 선배와 후배들과 함께 사는 법을 배웠다. 그리고 이들은 단순한 친구라기보다는 등굣길의 안전을 보장해주는 생존공동체였다. 그리고 놀이공동체와 대화공동체였으며, 또한 사랑의 공동체였을 것이다. 이것이 그의 유래이며, 그의 미래라고 생각된다. 우강의 이런 삶은 대학에서도 이어지고 있다.

(전략)
언덕을 내려가다 중간 왼쪽에
고개 숙이고 들어가야 하는 작은 방
내 벗 이산以山 과 운지芸池가 자취하는
허름한 방이 있었지

학교 앞 창천동에 방 한 칸 얻어
노모를 모시고 살던 나는
며칠이 멀다하고
오막사리 벗의 자취방에 가곤 했다.

(중략)
6.25전쟁으로
온 나라가 잿더미가 된 폐허의 동토凍土에서
궁핍하기 짝이 없는 대학생활을
때론 한탄하고 때론 용기를 부추기고 다독이며 . . .
우린 흰 밤을 지새웠다

「연희동 10번길」 부분

내가 우강을 만나게 된 것은 1966년 대학원 시절이었다. 그 무렵 우강은 낮에는 연세대 도서관에서 일하고 저녁으로 공부하는 주경야독의 학생이었다. 저녁 시간에 도서관 사무실에 불이 환히 밝혀지면 우강이 열심히 석사논문을 쓰느라 정신이 없을 시간이다. 내가 도서관에서 공부하다가 나가면서 우강에게 들른다. 그리고 우리는 자주 이야기를 나누었다. 그런데 실제로 내가 우강을 알게 된 것은 그보다 더 오래되었다. 우강과 절친한 친구인 이산 정현식 교수가 나와 고등학교에서의 가장 친한 친구이기 때문이다. 충정로 있는 신학대학에 다니고 있었던 나를 이산 정교수가 자주 찾아왔고, 자신의 친구 우강과 운지에 대한 이야기를 해 주어서 우강과 직접 만나지 못했음에도 나는 이미 우강을 알고 있었다.

그 친구들의 일화들이 나에게 전해지기도 했다. 밤 새워 서로 열정적으로 토론하며 이야기하다가 아침에 피곤하고 졸린 눈으로 강의실에 들어갔다. 지난 주 예습해 오라고 했던 숙제를 깜빡했다. 일본어 담당 교수가 우강의 친구들 중 하나에게 다음 텍스트를 읽고 해석해 보라고 말했다, 그 텍스트는 "요꾸 와카리마셍"(よく分かりません)이란 문장이었다. 그 친구가 그걸 읽고서는 "잘 모르겠습니다."라고 대답했다. 교수는 만족스러운 말투로 "잘 했어요."라는 칭찬을 해 주었다는 이야기가 있다. 수많은 사건들이 시간과 함께 날아가 버렸다. 그러나 그때의 아름다웠던 감동들은 여운으로만 남아있다.

우강은 삶의 무게와 깊이를 아주 진지하게 받아들이면서 살아 온 친구이다. 그는 인간의 삶이 신비스럽다는 것을 알고 그 삶 속의 의미를 자신 속에 품고 살면서, 자신에게 주어진 것이라고 믿는 삶의 과제를 절박하게 수행하려 했던 친구이다. 그뿐 아니라 우강은 영혼으로부터 전해오는 소리에 민감했다. 이런 내적인 민감성은 우강의 신앙생활에서 나온 것이 아닐까하는 생각이기도 하지만, 밖으로 드러내 놓은 표현들은 시적인 언어로 바뀌어 있다.

5. 시와 함께 영혼에 말을 걸다

영혼에 말을 걸기에는 서정시가 제격이다. 보이지 아니하고, 들리지 아니하는 마음의 깊이에서 울려나오는 영혼의 소리를 우강은 '외딴 생각' 또는 '그리움'이라 부른다. 그것은 영원에의 그리움이다. 이것은 일종의 신앙적인 고백이며, 삶의 질곡에서 견디도록 만드는 신앙적 희망의 소리이다. 우강은 기독교 신앙 위에서 영혼의 울림을 찾아나서는 보헤미안과 같다. 영원자에 대한 갈망이 그의 시 여기저기에 드러나 있다.

(전략)
우리는
다만
눈에 보이는 것 만큼만 보고
귀에 들리는 것 만큼만 들을 뿐

그러나
마음에 차오르는 그리움은
끝 모르게 부풀어 올라
그 크기를 가늠할 수 없어
붉게 물드는
가을처럼 넘쳐서
그저
오늘도
내일도
가슴에 짙게
펴져만 간다.

「그리움의 크기」 전문

(전략)
봄비 내려
미세먼지 가신
맑은 봄 하늘
둥둥 떠 흐르는 구름
하염없이 쳐다보다
어느새
내 영혼 채워오는
외딴 생각 한 줄기

그것은
가슴에 맺혀
뿌리 내린
그리움이었네
애틋한 애모로 번지는
외딴 생각이었네

「외딴 생각」 부분

특별히 『불꽃』 제 4부에서는 생명, 구원, 은혜, 영원이 풍성하게 피어나 있다. 그것은 모두 그와 우리 모두의 신앙고백들이다. 나는 우강이 한총련 사태가 끝나고 난 그해 가을, 내가 알기로는 연세대에서 한 번도 없었던 행사를 기획하였다. 온누리교회의 찬양단을 초청했다. 연세대 정문에서 본관으로 이르는 긴 백양로 위에서 찬양 집회를 개최했던 것이다. 행사 전에 먼저 혼전순결 서약을 하는 행사를 실시했다. 많은 젊은이들이 동참했다. 그리고 찬양집회가 시작되었다. 연세대가 기독교학교라고는 했지만 대학 구내에서 이토록 큰 집회를 경험해 본 적이 없었다. 찬양단 중에서, 또는 청중들 중에서 서로 다투다시피 뛰어나와 길바닥에 무릎을 꿇고 기도하는 장면을 보면서 내 가슴이 뜨거워지는 것을 느꼈다. 그때의 그 고백적인 신앙이 아직도 지금까지 내 머리 속에 남아있다. 이런 일은 우강 아니면 그 누구도 해낼 수가 없었을 것이다.

불꽃같은 삶을 살고 싶은 생각을 누구나 할지 모른다. 그러나 그것은 몇 사람에게만 허락되는 것 같아서 아쉽다. 우강 한상완의 시 「환생」이 주는 메시지는 삶의 새로움을 찾을 기회가 언제나 우리에게 주어져 있다는 것을 말해주고 있다. 누구든 우강의 시를 이해하려 한다면, 일상 소통적인 언어에 붙들리지 말고, 반드시 그 영혼의 소리에 귀 기울여야 할 것이라 믿는다.

一粟 오명섭 서예가

사진작가, 수필가, 시인 愚齋 윤중일

서예가,
사진작가
프로필

一粟 오명섭 서예가

우강 시인과 40여 년 친형제처럼 지내 온, 우리 당대의 명필 一粟 오명섭 서예가는 전남 곡성에서 1952년 출생했다.

학정鶴亭 이돈흥李敦興을 사사하여 나라의 명필로 우뚝 선 그는 1991년 국립현대미술관 초대작가로 이름을 떨치기 시작하여 제 1회 송곡서예상을 수상했으며, 2004년과 2013년에는 대한민국미술대전 심사위원장, 2006년에는 동 운영위원장으로 선임되는가 하면, 현재 (사)국제서예가협회 부회장 등 눈부신 활동을 하고 있다.

지난 40여 년간 수차례의 개인전, 수십 차례의 국내외 서예전에 출품하며 서예가로서 지칠 줄 모르는 오롯한 창작 활동을 펴고 있는데, 특히 2019년 3월에는 서울의 인영아트센터에서 <一粟吳明燮書展>을 개최하여 경향각지의 서예가와 서예를 사랑하는 이들이 구름처럼 운집하는 경사도 있었다. 그는 현재 광주에서 여러 대학에 출강하는 한편 무등서예연구원장으로 후진을 양성하며 한국 서예의 빛나는 맥을 이어가고 있다.

소설가 문순태 교수는 "묵향처럼 그윽하고 난향처럼 고결한 향기에 흠뻑 젖어 있다"고 서예가 일속의 면모를 묘사하면서 "자기만의 독창적인 작품 세계로 일가를 이루고 고매한 인품을 닦은 자만이 영혼을 적시는 향기를 발산할 수 있다"고 그를 평하였다.

사진작가, 수필가, 시인 愚齋 윤중일

우재 윤중일은 1943년 경북 영천에서 태어났다. 그는 뛰어난 사진작가이다. 사진작가로서 그의 삶의 여정은 이러하다.

대한예술가협회 총무이사, 한국사진가협회창작분과 위원, 한국불교사진가협회 회장, 한국예술사진가협회 감사와 월간 <한국수필>사진기자를 역임하였다.

그가 연 전시회도 "9인전"(문학의집 서울갤러리, 2016), "윤중일 개인전"(문학의집 서울갤러리, 2019)과 사진동아리전에 100회 이상 출품하였다.

우재는 또한 사진 전문작가일 뿐 아니라 수필가이며 시인이기도 하다. 그는 한국문인협회 회원이며, 한국수필가협회 운영이사, 미래수필문학회 회원, 계간 "리더스에세이문학회" 회장이기도 하다. 금년 9월에는 시 '풀잎처럼' 외 4편이 월간 <문학바탕> 9월호에 민용태 교수와 곽혜란 시인의 추천으로 시인문학상 시 부문에 당선되어 시인으로 등단하였다. 강남윤아트 대표인 우재는 수필가로 제 8회 후정문학상을 수상하였고, 수필집으로 <그날도 오늘처럼>이 있는데, 그 수필집을 펴보면 수작의 명품 사진 100여점이 삽화로 실려 있다.

한국수필가협회 편집주간인 권남희 선생은 우재에 대하여 다음과 같은 평을 하고 있다. "윤중일 수필가는 이미 사진을 취미로 한지 40년을 넘은 원로

예술가이다. 그의 사진에 대한 사랑과 열정은 놀랍기만 하다. 그는 70년대 초반 기와집 반채 값을 주고 카메라를 선뜻 사들여 세상을 누볐다. 렌즈에 한국의 사계절과 해외 명소들의 풍경을 담노라 머리는 희여졌지만 이제 멀리서 봐도 예술가의 아우라가 풍겨 나온다.

윤중일 수필가의 달착지근하면서 구수한 문학적 근원을 따라가면, 그의 정서에는 족히 수백 년은 넘었을 칡뿌리가 박혀있다. 그가 자랐던 고향의 자연과 그에 따른 사계절의 서정이 고스란히 그의 몸과 마음에 녹아 한 겨울 산속 칡이 된 것이다. 또 한 가지 그가 문학과 예술사진을 해야 하는 절실한 이유는 결핍감이다. 청력장애를 안고 살았던 어머니를 향한 애틋함, 배움에 대한 완결적 갈망, 이상과 같은 사랑에 대한 동경이다."

나(友江)는 禹齋선생과 2019년 2월 어느 날, 시베리아 횡단 열차를 3일간 동승하고, 시베리아에서 가장 추운 계절인 2월 중순 영하 30°~40°의 꽁꽁 얼어붙은 바이칼 호수에서 나흘을 함께 지내며 따뜻한 우정을 나눈 게 인연이 되었다. 아마도 서로가 지닌 예술적 감성의 교감이 그 배경에 있었으리라. 그래서 이번에 내는 시집<환생>에 우재의 뛰어난 사진 작품을 삽화로 곁들여 내기로 의기투합했다. 우재의 배려와 우정에 깊이 감사드린다.

부 록 :

이미 발간된 시집
<편지>,
<그대는 나의 별>,
<불꽃>에
게재된 시 작곡 악보

"서귀포 동백꽃" 박영란 작곡

"그대는 나의 별" 김광자 작곡

"경포 연가" 임긍수 작곡

"여름 보름밤의 서신" 이안삼 작곡

"단풍잎 엽서" 김광자 작곡

"낙엽과 겨울바람과" 임긍수 작곡

서귀포 동백꽃

한상완 시 / 박영란 곡

21

Soprano

다 — 점 — 점 이 떨 — 어 진 꽃 잎 들 은 — 하 수 명 멸 하 는

Pno.

25

별 님 들 인 가 붉 — — 은 심 장 수 놓 아 곱 디 고 운 눈 매 로 나 그 네 심 — 상 — 을

cresc.

29

우 수 로 흔 듦 인 가 서 귀 포 의

34

동 백 은 푸 르 고 도 빛 나 며 심 — 홍 의 꽃 잎 은

39

Soprano

붉 고 도 선 연 하 다 ─ 예 언 자 인 양 춘 삼 월 을

Pno.

43

Soprano

기 ─ ─ 다 리 ─ 며 눈 속 에 피 워 낸 모 ─ 습 *mf*

Pno.

47

Soprano

가 려 하 고 애 달 프 다 ─ *p* 점 ─ 점 이 떨 ─ 어 진 꽃 잎 들

Pno. *mf* *p*

51

Soprano

은 ─ 하 수 명 멸 하 는 별 님 들 인 가 붉 ─ ─ 은 심 장 수 놓 아

mp *cresc.*

Pno. *mp* *cresc.*

54
Soprano
Pno.
곱 디 고 운 눈 매 로
f 나 그 네 심 —상—을 우 수 로 흔 듦 인 가 — cresc. —
f
cresc.
58
♩.=48
— — ff
푸 subito 른 바 다 내 음
ff
misterioso
p subito misterioso
soft pedal
61
머 금 은 동 백 꽃
푸 —른 바 —다
64
내 — 음
머 금 은 동 백

66
Soprano
꽃
Pno.
3
5
ord.
Ped.
67
조
용
히
f
69
바
람
에
날
리
는
71
꽃
잎
들
의
아
련
한

74
Soprano
ㅡ ㅡ 노 ㅡ
Pno.
76
랫 소 리 ㅡ
cresc.
78
ㅡ ㅡ
ff
p
꽃 잎 들 의 아 련 한 노 랫 ㅡ ㅡ
f
p subito
82
tr

7
84
Soprano
cresc.
Pno.
tr
85
♩.=74
fff
리
leggiero
8va
Ped.
8vb

그대는 나의 별

한상완 시 / 김광자 곡

그 대 는 나 의 꿈 그 대 는 나 의 -
꿈 언 제 나 높 - 은 정 신 과
정 갈 한 마 음 으 로 다 가 오 는 그 대 -
는 그 대 는 나 의 꿈 그 대 는

나 의 별 그대는 나 - 의 - 별 수천년
빛 으로 날아 와 마주 부 딪 - 쳐 그윽한
그 리움 으 로 —반짝이 는 그대는 나의별
변 - 치 않 는 영 롱 함으로

샘 - 물 같은 사랑 으-로
다 가 오는 영원한 나 의
별 — 그대는 나의별 나의
rit.
a tempo
별 — —

경포 연가

한상완 시 / 임긍수 곡

2

mp
장 옆에 길게늘어 선 솔길 따 ㅡ라 가노라
mp
mf
면 여기 저 기서 무ㅡ리 지ㅡ어ㅡ 곱게
mf
웃 ㅡ는 해ㅡ당화
mf
수수만

년 -꽃피워 향-기번 지는 저-정 -갈한꽃 알-고있 을까 헤일
길 없는 모-래알 마다 연인들의 서린 사--연 매일
밤 마다 폭풍우올 음과 하늘향해 -치솟던 몸부림
을 저향 내 -오묘한 해-당화 -는 모두

4

rit.
a tempo
다 기억하고 있-으리 길-고 아름다운 백-사
장 에 수많 은 -사연이 있 음 을 향 내 -오묘한 해-당
화-는- 기 억 하 -고 있-으리
D.S.
다 기억하고 -있 으 리 라
dim.

여름 보름밤의 서신

한상완 시 / 이안삼 곡

2

달
8va
Pno.
f
그 건 내 그 린 내 의 환 한 얼 굴 별 밭 하 늘 에
Pno.
둥 싯 떠 향 그 런 내 음 머 금 고 호 수 에 사 뿐 히 내 려 앉 아 한 — 여
Pno.
름 힘 껏 한 — 여 름 힘 껏 한 여 름
Pno.

34
힘 껏 한여름힘 껏 생명으로 약 동 하 던 수
Pno.
38
♪=90
목 들의 수 — 런거 림___ 에
Pno.
43
mf
꿈 꾸 는달님미소
Pno.
mf
47
에 — 접동새 도오늘따라 비가아닌환희 의노래불 —
Pno.

4
러 — 그 노 래 홀 로 든 기 엔 — 너 무
아 까 워 너 무 아 까 워 내 마 음 더 — 하 여 — 그
대 에 게 그 대 에 게 그 립 노 라 서 신 보 낸 다 — 그
대 에 게 그 대 에 게 그 립 노 라 서 신 보 낸 다 —
Pno.

단풍잎 엽서

한상완 시 / 김광자 곡

래 빨 갛 - 고 노 랑 - 게 포 도 를 장 식 한 낙 엽
들 비 에 젖 - 어 - - 비 에 젖 - 어
청 - 초 하 다
그 중 짙 고 붉 - 은 단 풍 잎 단 풍 잎 하 나 골 -

라 우 체 국 - 에 갔 - 다 단 풍 잎 하 나 골 -
라 — 아 우 에 - 게 사 연 적 은 - 시 집
몇 - 권 부 치 고 우 체 국 아 가 씨 에 - 게 청 -
을 넣 었 다 이 가 - 을

가 슴비-어 — 쓸-쓸 한 누군
가에게 단 풍엽-서 부 쳐달라
고 — 청-을
rit.
넣 - - -었 다 —
col canto
mp
a tempo
rit.

낙엽과 겨울바람과

한상완 시 / 임긍수 곡

2
19
들 - - 팔벌 - 려 - 내게로달 려 온 다 - 수 많 은
24
mf
가 랑잎 - 싱싱하고아름답 던 - 네모습 - 조용히내 려 -
28
놓 - 고 - 찬바람에흩날리는 떠 돌 이 나 - 를
mf
32
향 - 해 - 두손벌려달려 - 오 - 는 - 낙 엽 과

겨울찬바람 —반갑고도 안타 까 워 — 라
그래 이넓은 대 지에안 — 겨 다시새희망을 품을 비옥한
흙으로 돌아 가 거 라 연초 록 —갈아입
mf
mp

53
f
힐 - 귀 - 한 밀거름되어 생명의 - 따사함으
57
로 - 부활할 때 까 - 지 - -
mp
62
D.S.
67
rit.
pp
때 까 - 지 -